U0696054

指向核心素养的
物理教学创新思考

程宏亮 / 著

东北师范大学出版社

长 春

图书在版编目（CIP）数据

指向核心素养的物理教学创新思考 / 程宏亮著. ——
长春：东北师范大学出版社，2020.9
ISBN 978-7-5681-7137-3

Ⅰ.①指… Ⅱ.①程… Ⅲ.①中学物理课—教学研究
—初中 Ⅳ.①G633.72

中国版本图书馆CIP数据核字（2020）第166944号

□策划创意：刘　鹏

□责任编辑：邓江英　沈　佳　　□封面设计：姜　龙

□责任校对：刘彦妮　张小娅　　□责任印制：许　冰

东北师范大学出版社出版发行

长春净月经济开发区金宝街 118 号（邮政编码：130117）

电话：0431-84568115

网址：http：//www.nenup.com

北京言之凿文化发展有限公司设计部制版

北京政采印刷服务有限公司印装

北京市中关村科技园区通州园金桥科技产业基地环科中路 17 号（邮编：101102）

2022年6月第1版　2022年6月第1次印刷

幅面尺寸：170mm×240mm　印张：13.25　字数：264千

定价：45.00元

目 录

深刻理解"课堂革命"内涵　把握教育发展方向…………………………… 1

基于核心素养培养的初中物理复习课设计要点…………………………… 5

立足于提升学生核心素养的物理拓展实验案例分析……………………… 10

开发研究性学习资源　提升物理核心素养………………………………… 16

创新使用物理实验方法比较运动鞋性能差异……………………………… 26

"速度为零"就是"静止"吗？…………………………………………… 31

"叉鱼"问题引发的思考…………………………………………………… 35

致力于提升学生核心素养的学案导学……………………………………… 40

素质教育背景下再议物理课堂教学改革…………………………………… 44

浅析新课程标准对物理课堂教学的指导作用……………………………… 52

展示知识形成过程　找回物理课堂原味…………………………………… 60

初中物理教学中如何创设情境　提高课堂教学效果……………………… 66

小组自主合作形态下初中物理教学中的"引·究·测"教学环节………… 71

大胆改进实验　培养学生思维……………………………………………… 76

现代教育技术的应用案例…………………………………………………… 82

三管齐下，促进学生物理思维能力发展…………………………………… 86

革新实验教学　培育创新素养……………………………………………… 91

初探初中物理教学中渗透科学思维方法的素材…………………………… 95

创新物理实验器材　提升学科核心素养…………………………………… 99

浅议初高中物理教学衔接…………………………………………………… 103

浅议研究性学习开展的国内现状…………………………………………… 107

浅议研究性学习开展的国际现状…………………………………………… 110

1

浅议初中物理实验教学开展研究性学习的意义…………………………… 118

初中物理研究性学习开展的教学设计分析………………………………… 121

初中物理实验研究性学习实施策略和途径………………………………… 124

开设 STEAM 课程　提升核心素养 ………………………………………… 129

指向物理核心素养的欧姆定律单元整合教学教案………………………… 135

初中物理实验教学创新实践研究…………………………………………… 162

初中物理实验教学应用的研究……………………………………………… 167

初中物理实验教学中"研究性学习"………………………………………… 174

略谈信息技术与物理研究性学习的整合…………………………………… 178

借助研究性学习方式　提升初中学生物理核心素养……………………… 182

初中物理实验教学中教育技术运用的教学片段分析……………………… 187

初中物理实验对物理研究性学习的影响…………………………………… 196

完善初中物理实验教学　培养学生核心素养……………………………… 200

基于物理实验本质的浮力实验演示改进装置……………………………… 203

深刻理解"课堂革命"内涵
把握教育发展方向

　　2017年9月8日，教育部党组书记、部长陈宝生在《人民日报》撰文，就"努力办好人民满意的教育"做了深入阐释。文章的第二部分提出："坚持内涵发展，加快教育由量的增长向质的提升转变。把质量作为教育的生命线，坚持回归常识、回归本分、回归初心、回归梦想。深化基础教育人才培养模式改革，掀起'课堂革命'，努力培养学生的创新精神和实践能力。"

　　要深刻理解"课堂革命"的内涵，必须从历次课堂教学改革的动因去分析了解事物的进程，才能更好地把握方向。

　　在新课程改革启动之前，教育人所秉持的教育理念是"不误人子弟""传道、授业、解惑""春蚕到死丝方尽，蜡炬成灰泪始干"。这些理念来源于中华传统美德，是教育理念的瑰宝，但带给我们的课堂教学观就是"先生"的教学"味"非常浓，剥离了教和学，把教和学分成了两条线。面对新的教育时代，我们的教学关系不应该是对立、剥离，而应该是师生教学相长的"和"。在这个教育背景下，启动了第一轮新课程改革，就是三维的课程教学目标。

　　第一次"课堂革命"标志性事件应该是新课程标准改革。按传统备课的环节，备课主要包括细致梳理教材的重难点和实验，对教材进行解读。从新课程标准来看，最主要的缺陷是教学环节的衔接用语和学生活动。这使我们认识到，干净、规范、指示性明确的教师用语对于一堂课品质的影响是巨大的，它可以直接提高课堂效率，形成高效课堂。在今天的自媒体时代，教师可以自拍自录，再自己观自己的课，就可以发现自己的教师用语存在什么样的问题。我们千万不要小看了教师用语这个问题，如果说教育是一棵树摇动另一棵树，那么，课堂教师用语是最为直接的方式。有些教师一辈子的教师用语都没有过关，这是非常令人沮丧的。至于课堂教学中设计的学生活动，在当时来说，就是新课程标准中倡导的"三维目标"的重要标志。在今天看来，学生活动与学习的产生密切相关。在桑新民教授的《学习科学与技术》一书中，建构主义者认为，学习是有目的的探究，是富有想象力的创造性活动。维果茨基认为，学习只能在协同活动和人与人的交往之中产生，强调学习的情境性，认为学习发生在真实的学习任务中。心理学者普遍接受的学习的定义是，学习是人和动物因活动经验而引起的行为。可以这么说，不管是什么维度定义的学习，都和学生活动有关，这是笔者今天的认识对当时加入学生活动的再思考。

笔者所认识的第二次"课堂革命"源于对一种教学模式的思考。2012年，笔者接触到了上海张人利校长所倡导的"后茶馆"教学模式，在赴上海静安区学习观摩了"后茶馆"课堂的结构后，要上一节汇报课。对于这节汇报课的设计，笔者按"后茶馆"教学模式做到了尽善尽美：专家反复论证，同人多次打磨，实验器材不断调试，试讲不停观察。总之，想把预设变成生成。但这次汇报课的现场施教情况不尽如人意。当时，笔者也做了简单反思：学生大场面见得少，现场配合不好。这样的反思对吗？值得我们深刻去探讨。人类基因的差异决定人的差异，这一点毋庸置疑。我们要探讨的话题是我们的课堂究竟要给学生什么。2014年3月30日，教育部发布的《关于全面深化课程改革　落实立德树人根本任务的意见》中提出："将组织研究提出各学段学生发展核心素养体系，明确学生应具备的适应终身发展和社会发展需要的必备品格和关键能力，突出强调个人修养、社会关爱、家国情怀，更加注重自主发展、合作参与、创新实践。"这标志着我国新一轮的教育改革正式开始。如果把新课程标准中的发展核心素养与第一次"课堂革命"提出的课程标准中的能力目标相比，就可以发现我国对于人才要求的改变：核心素养把知识、技能和过程、方法提炼为能力，把情感、态度与价值观提炼为品格，能力和品格的形成就是三维目标的有机统一。这样看来，我们的课堂要给学生的并不是一堂课和一次考试，而是要延伸到课堂之外，要让每一名学生有终身学习的习惯和方法，形成社会主义接班人的能力和品格。这无疑对广大教师提出了更高的要求。

我所认识的第三次"课堂革命"是对未来教育的美好憧憬和展望。乔布斯和比尔·盖茨在一次对话中直接表明了这样一个态度：信息时代对教育的影响是微乎其微的。如果说互联网改变了我们的生活，那么，对于教育的改变还没有真正开始。如果非要说信息时代已经渗入教育，以所谓的"平板进课堂"为例，平板应用于课堂之中，其最大的价值首推及时反馈，除此之外，都可替代。那么，我们就可以提出一个尖锐的问题：用这么大的代价，仅仅实现这一个价值，性价比究竟如何计算？所以说按笔者思考的未来课堂的发展形态，大致有两个方向：一个方向是在现有教学状态下的改良，这个方向首推上海复旦大学张学新教授提出的"对分课堂"。"对分课堂"提出的口号是"素养与成绩齐飞"，主要教学环节是讲授、独学、讨论和对话，特点是流程清晰、简明易用、成本低廉、适用面广。仅仅看这些环节和特点，好像没什么特别之处，但似乎网上对"对分课堂"评价颇高，知乎上做出了"'对分课堂'对于促进学生学习、改善课堂氛围、提升学习效果有效性"的结论。究其原因，笔者觉得"对分课堂"切中了三个要点：

一是师生分权，把学生学习的权利还给了学生，学生"学会了"，而不是教师"教会了"。这是用实操来改变教师的课堂教学理念。

二是有较为固定的课堂教学模式，可复制。

三是在课堂中，留给了与慕课、翻转课堂交互的空间，与信息时代接轨。

这些应该是"对分课堂"具有生命力的原因。

未来课堂的第二个发展方向应该是互联网技术的接入，也可以说是纯技术流方向的发展。这个方向应该包括以下内容：

第一，经过筛选的海量教育资源，如课堂教学视频、试题、教案。

第二，科学、人机交互简便的教学平台，有利于课堂教学效率的提高。

第三，直接的教学质量评价、监控软件，即时提出教学整改意见以及方案。

第四，诸如VR、在线课堂等新技术的合理应用。

需要说明的是，上述内容的建设现阶段发展并不理想，正如亚当·斯密在《国富论》中所说的：资本是永远逐利的，而教育的智慧化建设投入周期长，持续性强，就导致了现在资本投入既不充分，也没有有效的规模整合的现状。所以，教育的信息化急切需要有担当和实力的互联网大公司介入开发，改变现在每所学校单打独斗的状态。另外，未来课堂技术流的发展方向很不确定，套用法国学者雅克·阿塔利在《未来简史》中的一句话，我们想要未来课堂变成什么样子都不知道，就更加不知道未来课堂的发展方向了。

参考文献

［1］物理课程教材研究开发中心.普通高中课程标准实验教科书物理选修
　　　［M］.北京：人民教育出版社，2006.

［2］亚当·斯密.国富论（英文版）［M］.北京：中央编译出版社，2012.

［3］桑新民.学习科学与技术［M］.北京：高等教育出版社，2009.

基于核心素养培养的初中物理复习课设计要点

物理学是自然科学中的一门重要的基础学科，同时也是中学教育中的一门重要课程。当前，我国教育事业不断进步，党的十九大把教育事业放在优先发展的战略地位。2016年9月，中国学生发展核心素养研究成果发布会在北京师范大学举行，各个学段、各个学科也随之发布了各自的学科素养。其中，初中物理学科核心素养为：形成物理基本观念，掌握科学探究方法，形成良好的科学思维，培养正确的科学态度。这给物理教学中对学生物理学科核心素养的培养指明了具体方向。初中物理复习课作为物理教学的重要课型之一，一直以来存在效率不高、针对性不强的问题。因此，作为物理教师，要改变传统的教学观念，以提升学生的物理核心素养为教学目标，重视学生对知识的建构和应用，同时要为学生创设真实情境，只有这样才能够将培养学生的核心素养贯穿整个物理课堂教学。基于以上认识，初中物理复习课的设计要点有以下三个方面。

一、使用思维导图，形成物理基本观念

现阶段，初中物理复习课在进行章节知识点回顾时，教师只是进行概念性的知识讲解，学生被动地接受知识，参与度不高，学生的大脑处于抑制状态，形成只有学习习惯较好的学生在听讲的现状。这样，培养学生的逻辑思维能力、创新能力的核心素养便无从谈起。

运用思维导图可以有效提高学生的复习质量。思维导图是表达发散性思维的有效图形思维工具，它简单却又很有效，是一种实用性较强的思维工具。思维导图运用图文并重的技巧，把各级主题的关系用相互隶属与相关的层级图表现出来，把主题关键词与图像、颜色等建立记忆链接，充分运用了左右脑的机能，利用记忆、阅读、思维的规律，开启人类大脑的无限潜能。例如，初中物

理压强知识点的思维导图如图1所示。

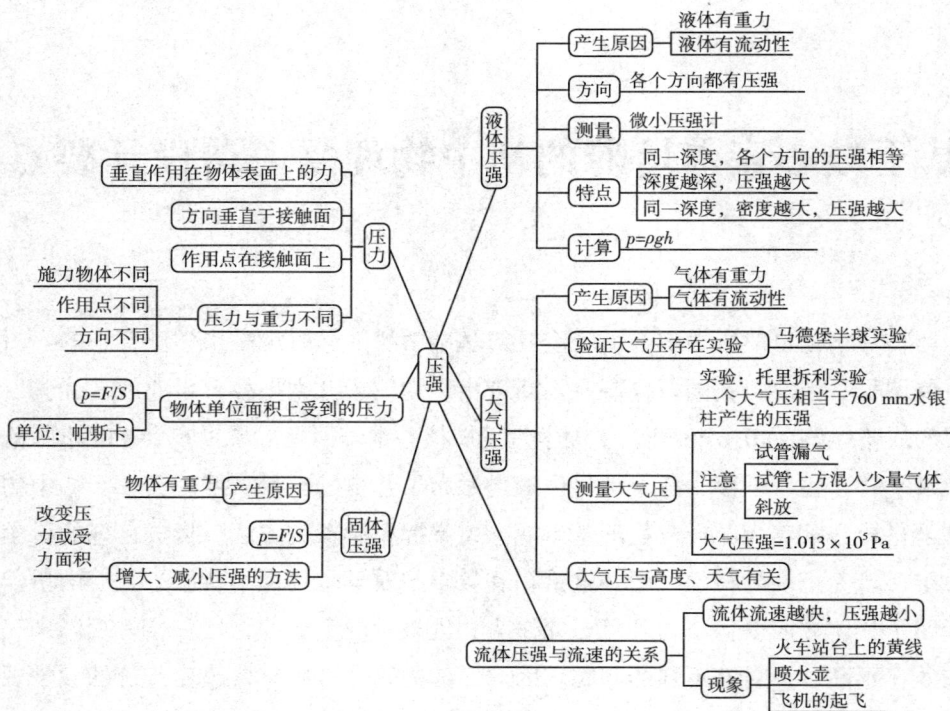

图1　初中物理压强知识点的思维导图

以图1为例，压强思维导图汇集和归纳了很多压强的知识点，学生可以利用它很好地掌握所学物理内容中的关键知识点，从而提高复习的效率。此外，运用思维导图，可以让学生形成物理基本观念，即让学生在学习的过程中在力、受力面积等方面形成一定的观念。进一步观察可以发现，学生观念的形成与社会实例相结合可以使学生寻求不同途径解决问题，将外在的知识转化为内在体系，形成科学的思考方法。

二、改编典型例题，培养科学思维

复习课并非对之前学习知识的简单重复，也并非知识的简单堆叠。因此，教师必须对复习内容展开精心挑选，指导学生对每一类题目的解题技巧进行归纳，培养学生的科学思维。下面以改编深圳市中考真题为例（见图2）进行讲解。

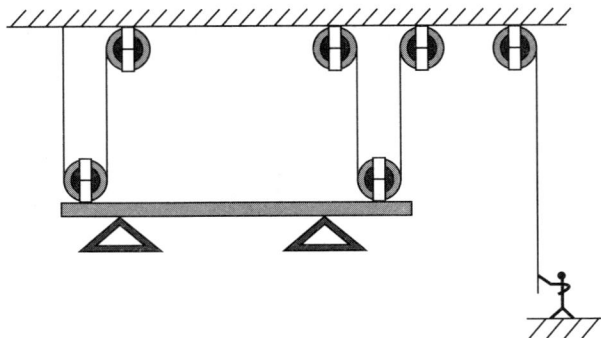

图2　动滑轮和定滑轮的特点和使用

笔者在改编时引入了问题链的设计方式：

（1）请你数一数这个滑轮组中定滑轮和动滑轮各有多少个，你还记得它们的作用吗？

（2）请你数一数这个滑轮组中承重绳的段数 n；若晾衣架上所挂衣服的质量是4 kg，动滑轮、杆和晾衣架的总质量为1 kg，请你计算绳子自由端拉力的大小 F。

（3）小燕同学用大小为 F 的力拉动绳子的自由端，在5 s的时间里使衣服匀速上移0.5 m，求拉力 F 所做的功。

（4）请你计算这5 s内有用功的大小。

（5）根据前面的计算，请你计算整个过程中晾衣架的机械效率。

这样的问题在设计时把握了滑轮、功、机械效率的重难点，问题都是根据教学知识点而展开的，每个问题都具有趣味性、程序性、连续性以及针对性，并与当前的教材内容相吻合。这样才能使学生重获重点知识，且从实际案例中引发学生思考，发挥问题链的设计价值。从培养学生的角度来看，培养了学生良好的逻辑思维能力和科学思维的方式。

三、拓展学生实验，培养探究能力

物理实验教学是物理教学的重要内容，在复习课上也不例外。如果单纯地按照课本中的实验步骤让学生去做物理实验，学生由于已经有实验的答案，多半只会机械地重复实验操作，这样对培养学生的创新精神、探究能力是十分不利的。下面以拓展实验"影响滑轮组机械效率的因素"为例，如图3所示，说明复习课中的实验设计。

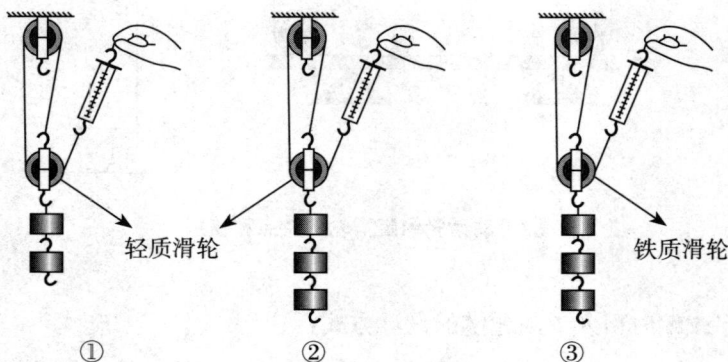

图3　滑轮组使用时的额外功来源

　　该实验并不是课本中的学生实验，而是在控制变量法思维指导下的拓展实验，通过①和②对比、②和③对比，得出影响滑轮组机械效率的因素是动滑轮上所挂物体的重量和动滑轮的重量。

　　所以，在复习课上要对实验进行拓展，并且通过引导启发学生进行探究，激发学生提出问题的兴趣，然后通过教师的指导解决问题，有利于学生掌握难点知识和提高探究能力。实验设计时，要采用直接的设计思路，注重运用的灵活性。

　　结合上述分析，复习课的精心设计对于学生创新思维、归纳知识能力有极为重要的影响。在复习教学中，教师要潜移默化地影响学生，提升学生的物理综合素养，要转变传统的机械重复的复习方式，以提升学生的物理核心素养为课堂教学理念，对教学方法进行创新，注重学生的知识建构和知识应用。

参考文献

［1］黎国胜.基于"学科核心素养"的高中物理教学思考［J］.教育科学论坛，2016（20）：68–71.

［2］李乘云.谈怎样上好初中物理复习课［J］.学周刊，2014（12）：111.

［3］许应华.青少年学生科学假设能力培养研究［D］.重庆：西南大学，
2013.

［4］张文静.中美两种高中物理教材对比［D］.上海：华东师范大学，2011.

［5］张晶晶.新课程背景下高考化学实验题现状分析与设计研究［D］.宁
波：宁波大学，2011.

立足于提升学生核心素养的物理
拓展实验案例分析

核心素养把知识、技能和过程、方法提炼为能力，把情感、态度与价值观提炼为品格，能力和品格的形成就是三维目标的有机统一，在统一的基础上要求学生增强合作意识、实践创新意识，而这两个意识都可以依托学生自主实验来培养。所以说，在提升核心素养背景下，物理实验拓展课程应运而生，且在不断完善中（我们想让物理课堂摒弃原来的"高负担、高消耗"的特征，呈现出"高兴趣、高能力"的形态，真正实现学生核心素养的提升）。现以物理实验拓展课为例，重点介绍学生如何在展讲和互动环节中提升自身能力，最终实现核心素养的提升。

案例：水的沸腾实验的创新和自制

一、设计理由

"探究水沸腾时温度变化的特点"是初中学生必做的物理实验。虽然沸腾现象对于学生来说并不陌生，但正是因为熟悉所以学生往往容易忽视现象或喜欢用主观意念想象、猜测实验结论。因此，教师一定要善于发现学生错误的物理概念。

二、引导创新

该实验的常规教学思路如下：教师提出问题——水在沸腾时有什么特征？温度变化有什么特点？学生结合生活经验，发表观点。紧接着安排实验探究—安装实验器材—用酒精灯给水加热测水温——绘制水沸腾时温度与时间关系的图像。最后引导学生得出实验结论：沸腾的概念、沸腾前气泡和温度的变化、沸腾条件、沸点与气压的关系，以及生活应用——运用水沸腾的条件说明纸锅烧水、隔水炖汤的原理。

针对该实验的常规教学思路，教师可以采用任务驱动的方式，引导学生发现该实验方案存在以下三点不足：

（1）实际实验教学中，学生需要观察并记录水沸腾前和沸腾时气泡上升过程中的大小变化情况。但学生会忘记观察，或者由于气泡上升速度过快导致观察失败。

实验拓展创新：运用平板电脑。

教师可以在学生进行小组实验时，安排一个学生拍摄沸腾前和沸腾时气泡上升过程的视频。在学生分享实验结果展讲前拍好视频，通过按住播放进度条来调整播放速度，实现视频逐帧慢放、回放。

为了方便小组展示实验成果，教师引导学生利用投屏软件将平板电脑上的整个操作过程投影到教室屏幕上，供全体师生交流讨论。整个实验过程由学生现场拍摄取代教师课前准备，让学生在分组实验中亲身经历猜想与假设、获取数据、分析数据、总结结论的科学探究过程，充分发挥学生的主体作用。

（2）学生很难区分沸腾需继续"吸热"还是"加热"，为了突破这个难点，教师巧设对比实验，引导学生设计了图1中的对比实验：完成探究水沸腾时温度变化的特点实验后，将装有少量酒精和水的两支试管放入烧杯中进行水浴加热，注意保证试管液面低于烧杯的液面，且温度计不碰到试管。实验结束后，要求学生记录实验现象并分析现象成因。

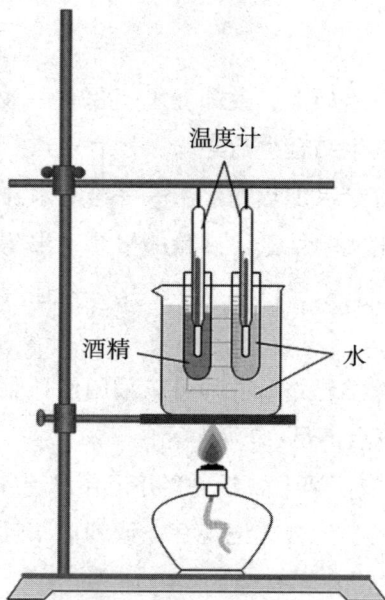

温度计

酒精

水

图1　对比水和酒精沸点不同

　　教师引导学生由观察到的酒精和水的不同沸点，结合液体沸点资料卡，总结得到"不同液体的沸点不同"的结论。紧接着，引导学生分析现象"烧杯和试管中的水均达到沸点，试管中的水无法沸腾"，由此引导学生观察发现：当接触的两个物体存在温差时，低温物体从高温物体获得热量。进一步归纳出沸腾的另一个条件：能继续吸热。这样的分析过程，能避免学生认为"沸腾时液体需要加热"。

　　如果结合平板软件技术，这个实验还有进一步创新空间，可以引导学生用温度传感器探头+平板电脑或手机辅助软件来进行实验（如图2）。在平板电脑上安装温湿度检测的软件，将温度传感器探头与平板相连，用温度传感器探头分别测量烧杯和试管中的水温。接下来就是等两个容器中的水温都达到水的沸点后，让学生观察是否沸腾，无须直观地对比实验数据后总结归纳。简化实验过程，突显现象矛盾，笔者觉得这种方法比前一种更好。

图2　温度传感器探头+平板电脑或手机辅助软件

（3）液体沸点与气压关系的教学效果不佳。

实验拓展创新：运用测量工具。

引导问题：首先要明确研究哪些物理量来探究沸点和气压的关系，可以利用什么工具测量。

学生回答：用温度计测量沸点，用气压计测量气压（见图3）。

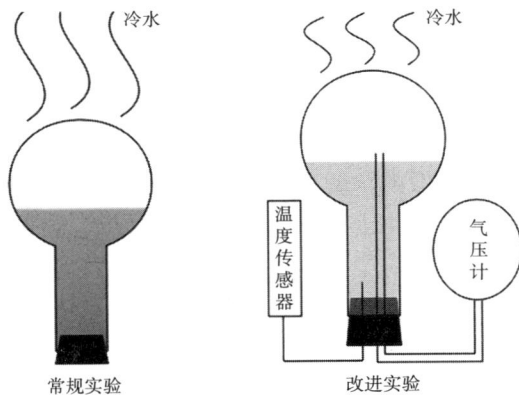

图3　加装传感器后液化降压不同的呈现效果

引导问题：要用温度计，但是我们现在用的液体温度计不能倒置使用，怎么办？

学生回答：用数字温度计、用温度枪等。

实验过程中，不断向烧瓶底浇冷水，停止沸腾的水重新沸腾起来。随着瓶内的气压不断降低，水的沸点也随之降低。学生再次观察实验，实验结论更加明晰。

三、学习情况

每次的拓展创新都对学生的思维水平要求不相同，教师要根据教学需要和学生情况选择使用。学生根据教师的引导改进实验装置或在说明操作方法后进行实验，都会在探究过程中提升实验水平和逻辑思维，最终培养合作意识和实验创新意识。

四、案例反思

1. 与时俱进，善用现代技术

著名教育家杜威说："如果我们仍然以昨天的方式教育今天的孩子，无疑就是夺走了他们的明天。"时代在发展，科技在进步，学生在变化，教师也应紧跟时代的步伐积极迎接挑战，及时调整教学策略。针对已经不能满足今天教学要求的传统实验，教师要及时吸收现代技术，要善于利用现代教学技术改进实验。只有这样，才能让学生更好地掌握科学知识，提升科学能力，真正做到还学生一个美好的明天。

2. 发展思维，掌握科学方法

发展学生的思维是物理教学的根本任务，也是物理教学的基本理念。教师可以通过设置适度有效的问题来引发学生的认知冲突，学会通过定量分析取代定性研究来发展学生的理论思维，引导学生在评价实验装置中改进实验方案，培养学生的批判性思维品质。

3. 注重实验，增加感性经验

物理教学中总有一些知识难以与学生经验建立关系，有时甚至还相互矛盾。所有这些难以被学生理解和认同的知识都能构成课堂教学中的难点。此时，教师需要巧妙地设计实验，利用直观的实验现象冲破知识与经验之间的樊篱，帮助学生化解学习中的难点，排除学习中的障碍。

概括起来就是，在物理实验教学中，教师需要与时俱进，充分利用现代先进的教育手段服务教学，在教学中重视实验的作用，发展学生科学思维，在提升学生核心素养的背景下实施物理实验拓展课程。

参考文献

［1］刘文泉.论物理教学教育合理性提问［J］.课程·教材·教法，1994（11）：38-40.

［2］陈学雄.物理问题研究性教学研究［J］.物理教学探讨，2004（9）：11-13.

［3］李文娟.高中物理教师课堂提问水平的研究［D］.北京：首都师范大学，2017.

开发研究性学习资源 提升物理核心素养

——初中物理研究性学习"效率"教学设计剖析

随着指向核心素养的课堂教学研究的不断深入，教师主导的课堂教学必须实现教学方式的转变，应该不断寻找教学资源，开展研究性学习。研究性学习是一种以学生为主的学习模式，它的主要特征是在教师的辅助下，由学生策划、执行及自我评估的学习方法。学生通过研习一个特定的主题，运用现有的知识和技能，通过一些特定的活动，自主地建构知识，从而达到学会学习的目的，培养自学精神。

针对目前物理课堂上仍较为普遍存在的过分强调教师知识重述，忽视学生主体参与，抑制学生科学素养发展的现象，本文将通过与初中物理概念"效率"的研究性学习，设计可供参考的研究性学习教学过程，以充分激发学生的学习兴趣、热情和思维的积极性，从而提升学生的物理学科核心素养。

一、提出问题

教师活动

（1）效率是我们生活中一个非常重要和常见的概念，从广义上说，效率的定义是单位时间内完成的工作量，是指有用功率与驱动功率的比值，同时也引申出了多种含义。效率分为很多种，如机械效率（mechanical efficiency）、热效率（thermal efficiency）等。在初中物理中，效率的概念贯穿始终，仔细梳理一下，我们学过的效率有哪些?

（2）准备好研究性学习的学案和教学实验器材。为学生提供的导学案里包括"梳理问题思路""研究过程"等内容，"研究过程"又分为滑轮组工作、电动机工作、白炽灯工作、电热水壶工作、内燃机工作五个板块内容。各板块内容是研究性学习的过程引导。预设的实验器材有学生自备的力学、电学实验盒和电源、导线、开关、滑动变阻器、电压表、电流表、灯座、小灯泡等常规实验器材，另外准备灵敏电流表（毫安表）1支、LED灯（发光二极管）1支。

学生活动

（1）仔细思考并回答教师提出的关于效率的问题。

（2）认真完成教师布置的学案，聆听教师给出的结论，熟悉并能够灵活使用实验器材。

二、分析问题

分为五个板块准备。

（一）机械效率（以滑轮组、杠杆为例）

教师活动

（1）基本知识梳理，掌握实验基本技能和物理核心知识。对于滑轮组而言，$W_{有}=$_____，$W_{总}=$_____，$\eta=$_____。

（2）对于滑轮组而言，如何测定机械效率？如图1所示，根据表1，测出以下三组滑轮组的机械效率。

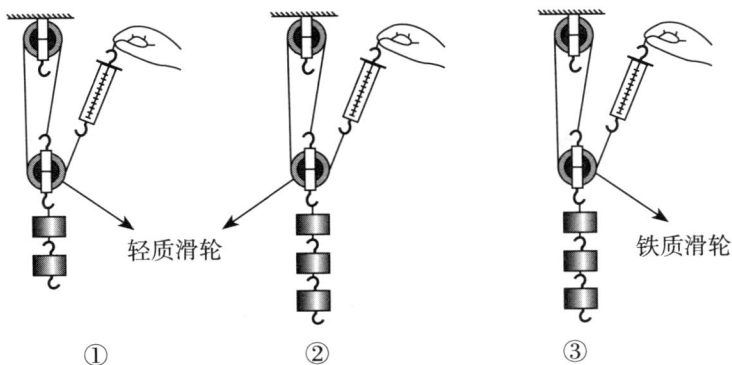

图1　不同重物对滑轮组效率的影响

表1　滑轮组机械效率的测量

实验次数	钩码重力（G/N）	钩码提升高度（h/m）	拉力（F/N）	绳端移动距离（s/m）	机械效率（η）
1					
2					
3					

（3）应用新知识解决新问题。如图2所示，建筑工地上的吊车是靠电动机来提升货物的。货物重1×10^3 N，电动机的额定电流为4 A，电阻为20 Ω；电动机正常工作时，作用在绳子上的拉力为500 N，1 min内将货物匀速提升了6 m。求：

① 滑轮组的机械效率是多少？

② 电动机在此过程中消耗的能量是多少？

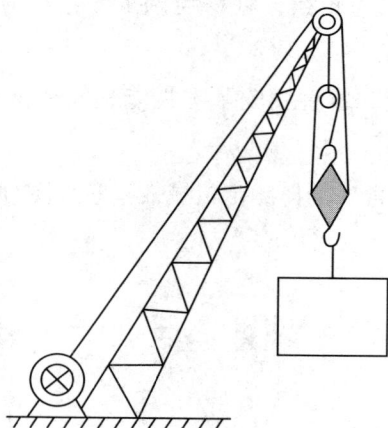

图2　吊车图

（4）在计算杠杆的机械效率的过程中，如果考虑杠杆的自重，实际的动力F_1有可能比根据杠杆平衡条件$F_1L_1=F_2L_2$计算出的F_1要小一些。杠杆的自重有可能在动力F_1这一侧，这样计算出的机械效率η就大于1，怎么解释这个结论？怎么消除杠杆自重对测量的影响？

学生活动

（1）按照实验要求开始实验，填写表格，分析数据。

（2）得出实验结论：①在动滑轮的质量一定时，物体的质量越大，机械效率越高；②在物体的质量一定时，动滑轮越轻，机械效率越高。

（3）完成拓展性练习。这个拓展性练习将电学中电热的计算和力学中功的计算联系起来，特别是在第二问的计算中，必须明确地知道对于电动机而言，总功等于输出的有用功加上电热，而问题的设计，是从逆向思维的角度去深刻理解效率的定义。

（4）引导学生发现中学阶段学习的杠杆都是轻质杠杆，也就是不计杠杆自重的。在实验中，实际的动力F_1可以通过减去杠杆自重的力矩计算得出。

这个板块的研究性学习教学设计并非对之前学习知识的简单重复，也不是旧知识的简单堆叠。此教学设计贯穿了研究性学习的一个重要特征，就是在教师的指导下，学生自主开发课题，自主学习，发现新规律，运用知识解决综合性问题，学生学习的主动性得到极大的调动。从教学设计的细节来看，每一个问题都具有逻辑性、程序性、连续性以及针对性，并与当前的教材内容相吻合。从培养学生的角度来看，培养了学生良好的逻辑思维能力和科学思维的方式，实现了学生物理学科核心素养的提升。

（二）电动机工作效率

教师活动

（1）录制好粗略测量电动机效率的视频。

（2）梳理基本知识和基本概念，准备好需要的表格数据以及题目。

（3）展示学生的计算过程和结果，师生共同评析、纠正存在的错误。

（4）准备好阅读材料——《怎样粗略测量电动机工作效率？》

学生活动

（1）学生观看教师事先录制好的测量电动机工作效率的视频。

（2）读出视频里显示的电动机正常工作时的电压值$U=6$ V，电流值$I=1$ A，根据铭牌读出电动机线圈电阻为2 Ω，用秒表测定工作时间60 s，将这些数据填写在题目的空格里，将题目里的已知条件补充完整。

（3）如图3所示，电动机工作时两端电压为U，通过电动机的电流是I，根据铭牌得出电动机线圈的电阻为R，试求：

①通电60 s，电流通过电动机做功多少？

②通电60 s，电动机线圈产生的热量是多少？

③电动机的效率是多少？

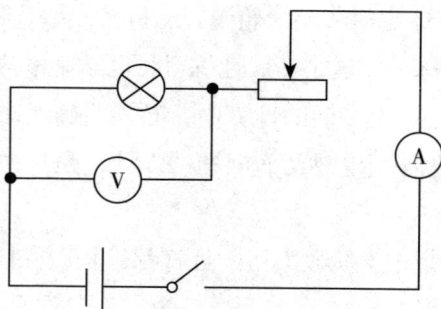

图3　伏安法测电阻原理图

　　在这个研究性学习的教学设计中，教师除了通过让学生思考、计算及分享等活动提高学生的能力外，由于实验过程较为复杂，安排让学生观看实验视频后自己读取数据，并将数据填写在题目中作为已知条件。这相当于学生与老师一起完成了实验测量，通过实验（视频）提供了一个真实的原始性情境，让学生具有"在场感"，感受到数据的真实性与科学性，让学生接触真实的物理。

　　（4）阅读《怎样粗略测量电动机工作效率？》，设计出更加科学的测量方案。实际上，实验视频中的测量方法有漏洞，视频中的总功被认为是 UIt，有用功被认为是 $UIt-I^2Rt$。如图4所示，一般来说，图中的有用功 mgh 是小于 $UIt-I^2Rt$ 的，事实上，有用功计算为 mgh 更为合理一些。通过阅读《怎样粗略测量电动机工作效率？》，使学生将刚建立的知识进行了重构，再一次激发学生学习的兴趣和热情，潜移默化地传递给学生科学就是在假设和验证中螺旋发展的科学精神，有效提升学生的科学品质。

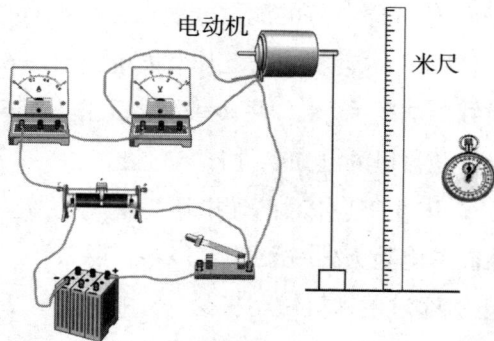

图4　测量电动机工作效率

（三）白炽灯工作效率

教师活动

（1）提出问题：为了研究白炽灯的发光效率，我们可以与LED灯做对比实验，这样做的理论依据是什么？（LED灯的发光效率可以认为是100%）

（2）准备好实验报告。

（3）挑选发光功率相同的白炽灯和LED灯，准备好相关实验器材。

学生活动

（1）思考教师提出的问题。

（2）按照实验步骤开始分组实验，测量白炽灯与LED灯的电功率，按电路图连接电路。调节滑动变阻器的滑片，使白炽灯只发出一点红光，记录此时的电压、电流值，计算其功率，填写数据到表2中。

表2　测量白炽灯的电功率

物理量	U（V）	I（A）	P（W，实际功率）
亮度较暗			

（3）用LED灯换下白炽灯，依然按原电路图连接电路，把电流表换成灵敏电流表，测量接入电路且明亮发光时的电压、电流值，计算出其功率分别记录结果，填写在表3中。

表3　测量LED灯的电功率

物理量	U（V）	I（A）	P（W，实际功率）
亮度较亮			

（4）数据分析，分享结果。各小组将测得的数据及计算出的数据填写在表4中。

表4　白炽灯和LED灯亮度与实际功率的关系

白炽灯			LED灯		
序号	亮度	实际功率（W）	序号	亮度	实际功率（W）
1	较暗	0.065	1	较亮	0.025
2			2		
3			3		

（5）师生分析思考：LED灯比白炽灯发光亮得多，但它功率却很小，这是什么原因？辨析白炽灯与LED灯的发光效率，在实验探究中提升学生的科学素养。白炽灯的工作原理是电流通过灯丝时产生热量，使灯丝因高温而发光，LED灯可以直接把电能转化为光能。所以，白炽灯将电能转化为内能和光能，LED灯在理论上将电能100%转化为光能。这就是LED灯功率小却比白炽灯亮得多的主要原因。从白炽灯到LED灯，是社会发展注重节能环保和高效率的体现。

（6）教师提问，学生思考：如果理论上认为LED灯的发光效率是100%，那么，通过怎样的实验可以测出白炽灯的发光效率？

选择发光功率相同的白炽灯和LED灯，分别测出两盏灯正常发光时的实际功率，LED灯的实际功率乘以相同的时间就是有用功，白炽灯的实际功率乘以相同的时间就是总功，相比就是发光效率。

整个研究性学习的过程都是以实验探究为基础的，让学生在基本概念的指导下，带着问题，自己去发现规律，寻找问题的解决办法，通过亲历实践探究，学生一直处于主体地位，能够体悟到"实践是检验真理的唯一标准""实验研究是认知未知事物的方法，也是非常有效的认知工具"等认知事物的意识、态度与思维方法，从物理的学科思维方法、物理的学科核心能力、物理的学科品质等方面提升学生物理学科的核心素养。

（四）电热水壶工作效率

教师活动

（1）提出问题：电热水壶工作时的效率如何计算？引导学生明确知道电热水壶工作时的有用功就是水吸收的热量，总功就是消耗的电能。

（2）准备好实验器材。

（3）引导学生设计好实验步骤，特别注意水吸收的热量如何计算。

（4）整个实验过程有没有可以改进和注意的实验步骤？怎么进行误差分析？

学生活动

（1）思考教师提出的问题，得出电热水壶工作时的有用功就是水吸收的热量，总功就是消耗的电能的思路。

（2）根据实验思路设计出具体的实验步骤。

总功可以根据$W=Pt$来进行计算。水达到沸点时所需的时间由秒表测量，工作时的功率可以近似认为是额定功率。电热水壶铭牌如图5所示。

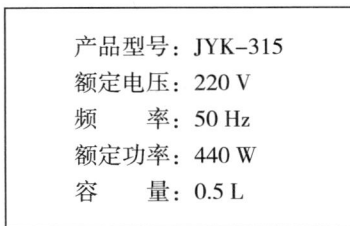

```
产品型号：JYK-315
额定电压：220 V
频　　率：50 Hz
额定功率：440 W
容　　量：0.5 L
```

图5　电热水壶铭牌

（3）有用功的计算依据的是公式$Q=cm\Delta t$，水的初温和末温都可以用温度计测量。水的质量可以通过公式$m=\rho V$进行计算。

（4）最后相比求出电热水壶的工作效率η。

（5）在教师的指导下，进行实验方法的改进和误差分析。在本研究性学习的过程中，这个环节重点传授的是科学思维方式。通过分析，可以发现，上述实验操作中出现的误差可能来源于电热水壶是否在额定功率下工作。如果要减小该误差，可以用电压表测出电热水壶工作时的实际电压，计算出实际功率，也可以利用稳压器将工作电压控制为额定电压。这两种减小误差的方法，后一种更好，原因是它完全消除了温度对发热电阻的影响。

本研究性学习的教学设计极大地体现了学生的主体性，留出大量时间和空间供学生独立思考、讨论交流，学生在教师的引导下产生的是高层次的思维活动，经历的是探究性的实验操作，完全符合以提升核心素养为目标的课程改革发展的新形势，激发了学生的求知热情和思维的积极性，使学生的知识能力、情感意志得到新的发展。

（五）内燃机工作效率

教师活动

（1）提出问题：内燃机工作时的效率如何计算？引导学生明确知道内燃机工作时的有用功就是活塞得到的机械能，总功就是燃料燃烧获得的能量。

（2）准备好实验器材。

（3）引导学生设计好实验步骤，特别注意有用功和总功的计算方法。在本教学设计中，这两个功的计算方法都比较复杂，应该是对学生的实验基本技能和科学思维能力的极大考验。

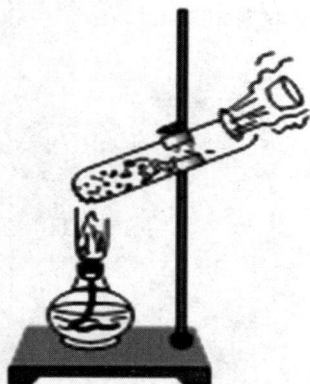

图6　内燃机工作原理

（4）整个实验过程有没有可以改进和注意的实验步骤？存在哪些产生误差的可能？

学生活动

（1）内燃机的工作效率可以根据内燃机的工作原理计算得出。总功的计算思路就是酒精完全燃烧产生的热量，计算公式为$Q=mq$，有用功就是橡皮塞获得的机械能，具体计算公式为mgh。这样需要测量的物理量主要是质量m和高度h。高度h的测量是难点，需要多次测量才能得出。

（2）设计实验步骤：

① 如图6所示，装配好实验器材。

② 用天平测出酒精燃烧前后的质量差值。

③ 测出活塞上升的高度［可采用摸高器（见图7）进行测量］。

（3）整理实验数据，填写表5。

图7　摸高器

表5　数据表

次数	有用功（J）		总功（J）			机械效率
	活塞质量（kg）	活塞上升高度（m）	燃烧前酒精质量（kg）	燃烧后酒精质量（kg）	酒精燃烧值（J/kg）	
1						
2						
3						

（4）误差分析。本实验存在的误差可能有以下几项：①酒精燃烧时可能有水的蒸发；②活塞的质量随着次数的增加可能会增加，需多次测量；③橡皮塞塞得松紧、试管中水的多少都会影响橡皮塞上升的高度。

该教学设计紧紧把握住了"效率"的核心概念和规律、重要物理实验、重要思维方法等，这些都是物理学科的核心知识。该教学设计对多种情形的"效率"知识进行汇总和梳理，加强了学生对该板块核心知识的掌握，有利于学生核心素养的提升。

三、思考与启示

在真实情境中开展研究性学习，才能最大限度地体现学生的探究能力和提升学生的科学素养，才有利于物理核心素养的形成。与其他好的教学方法一样，研究性学习也应该是生动活泼、知情并重的。教师不但要传授知识，而且要促进学生能力和品格的形成。在上述五个研究性学习的教学设计中，各个环节的教学活动始终围绕提升物理学科的核心素养来展开，由于注重调动学生的积极性与激励学生参与，学生会持有极高的参与热情和积极性，教学富有成效，学生的物理核心知识、核心能力和科学品质都得到了明显的提升。教师要有以学生发展为本的意识，激发学生的参与兴趣和热情，将学生的思维不断引向深入，把科学核心素养与能力培养有机结合。这样，研究性学习才会变得富有魅力和充满乐趣，在提升学生科学素养、促进学生成长的过程中发挥其应有的作用。

💬 **参考文献**

［1］李钧.初中物理课外研究性学习的组织与实践［J］.物理教学，2016（8）：36-38.

［2］刘利锋.初中物理实验教学中"研究性学习"［J］.科技展望，2015（22）：201.

［3］李文玲.运用初中物理教材栏目开展研究性学习的实践［D］.呼和浩特：内蒙古师范大学，2015.

创新使用物理实验方法比较运动鞋性能差异

　　中国现在是世界上最大的运动鞋生产制造基地，在全世界范围内，每两双运动鞋中的就有一双是在中国生产的。可以想象，中国境内有多少制鞋工厂在进行生产。但是纵观全世界和我国运动鞋市场，引导运动鞋发展方向的竟然没有一个中国的运动鞋品牌。不论是在市场范围、市场占有率还是销售情况等方面，中国运动鞋品牌都远远赶不上国外知名品牌。从这一点来看，国际运动鞋行业之间的竞争不仅注重发展的规模和数量，更重视材料的研发、文化的引导、装配技术的革新、市场调查分析等。我国运动鞋市场的现状是：款式设计较为落后、舒适性较差等诸多问题致使我国运动鞋一直在中低档市场徘徊。而目前中低档运动鞋市场也已面临越南、印尼等新兴运动鞋生产国的竞争，我国运动鞋企业已经受到严重威胁。在中美贸易战爆发之际，作为一名以中华民族复兴为己任的中学生，想运用自己掌握的一些简单的物理实验研究方法比较一下不同国家各类运动鞋在性能上的差异，找到差距，弥补不足，营造出青少年群体科技兴邦的爱国氛围。

　　在爱国主义情怀之下，此项运用科学方法的研究还可以让学生从生活走向物理，从物理走向社会，使学生的学习方式多样化，让学生注重学科渗透，关注科学发展的创新趋势，了解了周围的世界，并用所学的知识来对世界进行改造，从被动接受知识向主动获取知识转变。

　　接下来，就来谈一谈具体的探究过程。首先最值得探究的问题有以下几个：

　　（1）不同类别、产地、材料的运动鞋的减震（弹力）效果有什么差别？

　　（2）不同类别、产地、材料的运动鞋的静摩擦力和滑动摩擦力有什么差异？

（3）不同类别、产地、材料的运动鞋的花纹对静摩擦力和滑动摩擦力有什么影响？

（4）不同类别、产地、材料的运动鞋对地面的压力及自身的重力有什么不同作用？

以上四个问题是此次研究的核心问题，核心问题的研究可以得出有益的结论。在探究核心问题的过程中，实际操作还会遇到一些困难，因此要注意以下七个问题：

（1）运动鞋弹力的大小如何测量，最后得到的数据如何呈现？

（2）弹力的测量工具如何制作？

（3）运动鞋和地面之间摩擦力和静摩擦力如何测量？

（4）地面的种类（水泥、塑胶、木地板）怎么选择和界定？

（5）测摩擦力和静摩擦力的测量工具如何制作？

（6）如何保证所测摩擦力和静摩擦力的准确？

（7）普通物理天平的量程能否测量运动鞋？

在充分考虑了上述问题后，就可以开始实验操作了。四个核心问题要测量的是三个物理量，即重力（压力）、弹力和摩擦力。这些力都可以用人教版物理教材的测量方法和改进的测量工具测得。

一、重力的测量

可用物理实验室常用的托盘天平（见图1）测量出质量的大小，再用公式$G=mg$计算出所受重力大小。需要特别指出的是，为了测量结果的精确，要充分考虑到地球纬度对g值的影响。以深圳市为例，深圳市处于北纬N22° 32′ 43.86″，东经E114° 03′ 10.40″，按重力加速度修正公式$g=9.7803（1+0.0053024\sin^2\psi-0.000005\sin^2 2\psi）$m/s^2，深圳市$g$值取9.7925 m/s^2，较为精确地算出重力后，在水平面上，重力大小等于压力大小。

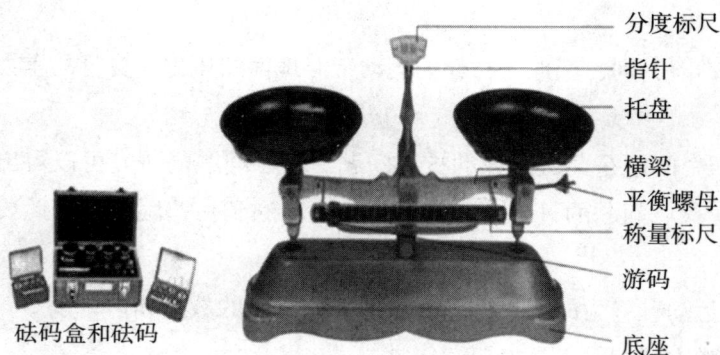

砝码盒和砝码

图1　托盘天平

二、弹力的测量

经过反复思考和学习实践，我们结合图2的弹力测量仪，按照如图3所示的弹力测量仪原理，让钢球从同一高度落下，与被测试表面接触弹起后，记下弹起的高度，就可以比较被测试面弹力的大小。这个实验采用了初中物理常用的转化法和控制变量法。这个方法存在一个不足之处，就是无法从数值上比较弹力的大小。在后期的改进实验中，可以选择基准的弹力值标在刻度尺上，也就是说，刻度尺上标刻的是弹力的单位。

图2　弹力测量仪

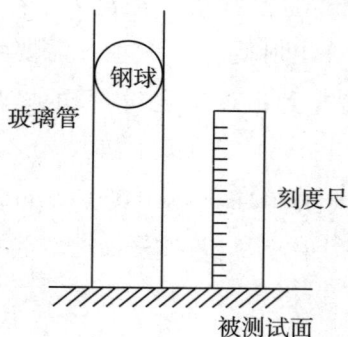

图3　弹力测量仪原理图

三、静摩擦力和滑动摩擦力的测量

在进行测量静摩擦力和滑动摩擦力的实验时，对教材上的实验装置进行了改进。教材给出的实验操作存在两点不足：①实验要求要匀速直线拉动木块，但是匀速很不好控制；②弹簧测力计在运动过程中不方便读数。为此，本实验装置可以按图4进行改进：将弹簧测力计和木块固定，改为拉动木板运动。这样，改进后并不需要匀速地拉动木板，而且弹簧测力计示数基本稳定。

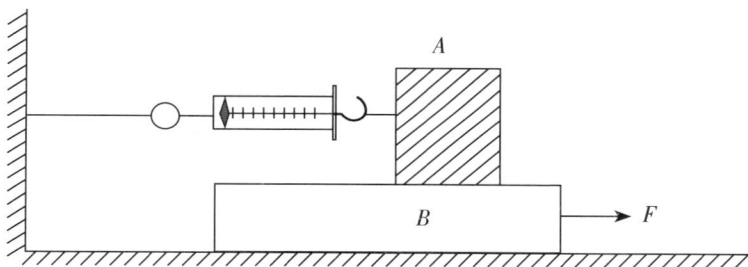

图4　滑动摩擦力测量装置改进图

四、实验收获

这三种明晰的测量方法为学生进行数据分析打下了良好的基础。在实验结束后，回顾实验过程，有以下几点收获。

1. 调动了学生学习物理的兴趣

在学习过程中，兴趣是最好的老师。要让学生感受到物理的魅力，使学生对物理充满兴趣，学生才能学好物理。对于学习物理来说，调动学生学习物理的兴趣最好的办法就是使物理与生活联系起来，让学生感受到生活中处处有物理，物理也处处与生活相联系，物理对生产、生活，对社会有巨大的作用，等等，学生的学习兴趣就会被激发出来。

2. 体现物理是有趣的、有用的，在生活中能感触到的

学生生活经验较少，抽象思维能力较弱，要找到充分的实践和交流的机会，观察生活中实际的例子，发现生活中的物理问题进行探究，在生活中体验物理的价值。《全日制义务教育物理课程标准》（试行稿）中特别指出，物理教学要让学生学习有价值的物理，就必须联系学生的生活，使学生感到物理与生活密不可分,感到物理是生动的、丰富的、有趣的,而不是单调的、枯燥的,尤其是要体会到物理是有用的,它是可以改造我们身边这个世界的一种力量,人类越是掌握这种力量,人类社会就越创新发展,这就要求学生树立明确的物理生活观。

3. 培养了学生的创新能力、实践能力

随着物质条件的极大改善,学生的动手能力逐渐变弱,在研究影响运动鞋运动性能因素的过程中,可以培养学生的创新能力与实际动手能力。

总之,我国正在倡导建设创新型社会,创新型社会对运动鞋行业的要求就是要有创新的设计,只有让创新的设计被广大消费者接受,才能创立中国人自己的运动鞋品牌。目前来看,我国运动鞋的设计与发达国家相比还有差距。在全球经济一体化的背景下,我们急需自己的研发技术和设计人才,机遇与挑战并存。"师夷长技以自强",我国的运动鞋设计之路任重而道远。

💬 **参考文献**

[1] 王子煜,刘爽,何苏文等.应用技术型高校转型背景下独立学院大学物理改革探索 [J].科技风,2018(29):41-42.

[2] 刘建国.依托物理实验教学培养学生科学素养 [J].黑河教育,2018 (9):44-45.

[3] 冉福林.运动鞋性能要求分析 [J].制鞋科技,1998(Z1):48-49.

"速度为零"就是"静止"吗？

——初高中物理教学衔接案例分析

　　在2015年江苏省无锡市的中考物理试题中，有这样一道以体育运动为背景的联系实际的题：

　　如图1所示，小明在做模拟"蹦极"的小实验：一根橡皮筋一端系一个小石块，另一端固定在A点上，B点是橡皮筋不系小石块自然下垂时下端所在的位置，C点是小石块从A点自然释放后所能到达的最低点。关于小石块从A点到C点运动过程的说法，正确的是（　　　）。

　　A. 小石块减少的重力势能全部转化为动能

　　B. 从A点下落到B点的过程中，小石块受到重力与弹力的作用

　　C. 从B点下落到C点的过程中，小石块的速度先增大后减小

　　D. 小石块在C点时，受到平衡力的作用

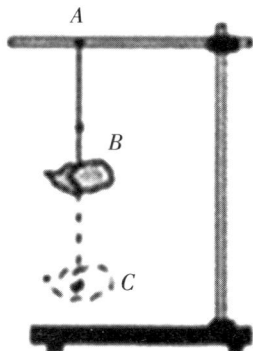

图1　　"蹦极"模拟图

本题考查的知识点是机械能的转化，旨在考查学生对影响动能和重力势能因素的掌握。要解答此题，学生首先需要理解题述的物理情境，并结合物理情境对石块的受力情况和系统能量转化的情况进行分析。由于橡皮筋尚未伸直，石块从A点运动到B点的过程中仅受自身重力的作用，速度一直增大；石块从B点运动到C点的过程中，橡皮筋发生形变，对石块产生弹力的作用，从能量的角度来看，小石块减少的重力势能转化成了自身的动能和橡皮筋的弹性势能，因此我们可以排除A、B两个选项。依题意，B点是橡皮筋不系小石块自然下垂时下端所在的位置，我们可以设想，若橡皮筋系上小石块自然下垂，其下端将

会到达一点S（B、C两点之间），小石块所受的重力与橡皮筋对其的弹力恰好是一对平衡力，因此排除D选项；而在S点以后，橡皮筋继续伸长，小石块受到的弹力将会大于重力，于是速度便开始减小，直至为零（C点），所以本题的正确答案为C。

但是，有学生误选D选项，错误地认为小石块到达最低点C时，速度为零，当然处于静止状态，因此受到平衡力的作用。造成这种错误的原因是学生将"静止"和"速度为零"这两个词画上了等号。其实，这也是情有可原的，在初中物理教材中仅仅定义了"机械运动"——物体位置的变化，而对于"运动"和"静止"则没有给出严格的物理定义。学生对"静止"不够全面和科学的前概念成了解题的障碍。但事实上，"速度为零"只是"静止"的必要条件，而非充要条件。

要判断一个物体是否静止，不仅要看物体的速度是否为零，还要判断其是否处于平衡状态。小石块处于C点时虽然瞬时速度为零，但其受到橡皮筋的拉力大于自身的重力，所受合力方向向上，由牛顿第二定律可知，小石块此时具有向上的加速度，并不处于平衡状态，因此并不能说小石块在C点时静止（见图2）。然而初中学生并未接触过"加速度"和"牛顿第二定律"，显然并不能理解上述分析，那么怎样才能让学生将"静止"与"速度为零"区分开呢？

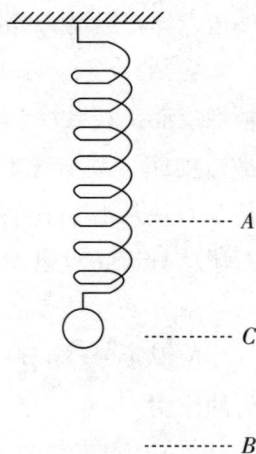

图2 "蹦极"弹力分析

在初中物理教材中，这样描述"静止"：人们判断物体的运动和静止总要选取某一物体作为标准。如果一个物体的位置相对于这个标准发生了变化，就说它是运动的；如果没有变化，就说它是静止的。也就是说，我们说物体静止指的是相对于所选择的参照物，它的位置始终没有发生变化，因此它的速度一定为零。但是速度为零的物体一定静止吗？如果我们把这里的"速度"理解成平均速度，物体并不一定静止，比如做圆周运动的物体在一个周期内的平均速度就为零；如果我们把这里的"速度"理解成瞬时速度，物体就一定静止吗？答案也是否定的，向左减速运动的物体突然向右加速运动，在速度方向变化的一瞬间，物体的瞬时速度为零，但我们能说该物体静止吗？因此我们可以这样说：只有速度为零，且在一段时间内速度保持为零的物体才是静止的。

如果将橡皮筋换成一根劲度系数为k的轻质弹簧，不考虑小石块的形状、大小以及所受的空气阻力，本题就变成了学生在高中物理中经常遇到的问题——弹簧振子模型。如图2所示，C点是弹簧连接石块后自然伸长所在的位置，也就是系统的平衡位置，设此时弹簧的伸长量为Δx，此时有$k\Delta x=mg$。

将石块拉到B点后释放，在C、B两点间任取一点P，若P点偏离平衡位置的位移为x_1，则在P点处弹簧处于拉伸状态，对应的回复力为

$$F=k（x_1+\Delta x）-mg=kx_1+k\Delta x-mg=kx_1+mg-mg=kx_1$$

此后，石块将会上升到最高点A，在C、A两点间任取一点Q，若Q点偏离平衡位置的位移为x_2，则在Q点处弹簧处于压缩状态，对应的回复力为

$$F=k（x_2-\Delta x）+mg=kx_2-k\Delta x+mg=kx_2-mg+mg=kx_2$$

在此过程中，回复力始终指向平衡位置。因此我们可以说竖直方向上的弹簧振子做简谐运动。

《普通高中物理课程标准》要求学生理解简谐运动在一次全振动过程中加速度、速度的变化情况，并给出了速度–时间图像（见图3）和加速度–时间图像（见图4）（均以向上为正方向）。

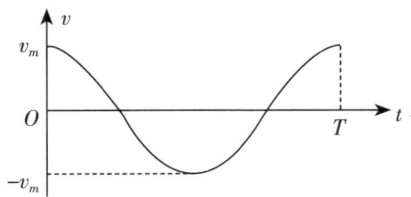

图3　速度–时间图像

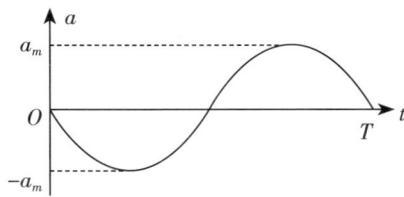

图4　加速度–时间图像

学生通过对振子进行受力分析和图像信息容易得到，当振子处于最低点B时（对应图3、图4中3/4周期的点），受到的弹簧拉力大于自身的重力，因此合外力的方向向上，加速度向上且最大。也就是说，尽管此时振子的速度为零，但合外力却在改变它的运动状态，不能使其速度在一段时间内保持为零，因此振子处于最低点时并不是静止的。这也印证了学生在初中阶段所学的"速度为零"与"静止"的区别。

通过学生从这道中考试题中反映出来的问题，我们发现，初中生对某些物

理概念不理解往往源于初中教材给出的定义不够完备，但这也是受学生的知识水平所限制的。因此在日常教学中，我们需要做的是及时发现学生理解的难点和误区，在学生能够接受的范围内对教材上的概念加以形象的解读和适当的补充，以期学生能够在头脑中建立起哪怕粗浅却正确的模型，在后续的高中物理学习中不断地通过理论来印证和完善，这才是初高中物理教学衔接的切入点。

参考文献

［1］林浩.初高中物理力学衔接教学探讨［J］.科学大众（科学教育），
　　2018（5）：23，130.

［2］陈婧.初高中物理衔接教学设计研究——基于初中物理教材的分析对比
　　［D］.福州：福建师范大学，2015.

"叉鱼"问题引发的思考

——初高中物理习题教学衔接案例分析

在八年级物理光学中，有这样一道题目：有经验的渔民使用钢叉捕鱼时，钢叉要对准"鱼"的下方叉，因为实际的鱼在看到的"鱼"的下方。如下所示的四幅图中，能正确反映渔民看到"鱼"的光路图的是（　　　）。

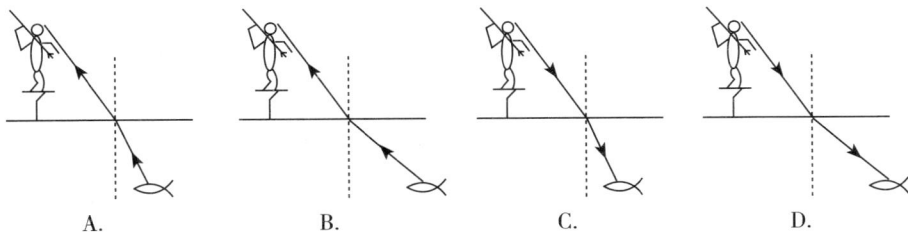

A.　　　　　　B.　　　　　　C.　　　　　　D.

本题是2015年太仓市中考模拟题，主要考查光的折射现象，而理解掌握光的折射规律是解决此类折射问题的关键。

具体解题分析如下：鱼反射出的光，在水面处发生了折射。因而，C、D选项光的传播方向错误。当光从水中斜射入空气时发生折射，折射角大于入射角，B选项中折射角小于入射角，错误。正确答案只有A选项。人认为光是沿直线传播的，所以逆着折射光线看，看到的是鱼变浅的虚像。所以有经验的渔民应该用鱼叉瞄准看到的"鱼"的下方位置，才能将鱼叉到。

然而，这样的分析过程对部分初中生来说有点难以消化。于是就有了某些教师总结出的"折射现象中，空气中的角大于水中的角，水中的角大于玻璃中的角"的解题技巧，要求学生死记硬背，这样学生就能不假思索地得到正确答案。这样的处理方法看似节约时间，实则大大挫伤了学生的思维积极性。即使这部分学生借助各种解题技巧在升学考试中获得高分，但他们没有理解光的折射规律的事实却是无法改变的。由于学生初中时期的思维能力得不到有效锻炼，升入高中的他们也就无法适应高中阶段高强度、高密度、高难度的课堂学习模式。

为了更好地实现初高中物理教学衔接，笔者将原题的条件、设问等进行了一些"小"改动，改编成如下新题：

有经验的渔民使用钢叉捕鱼时，看到的往往不是实际的鱼的真实位置。如下所示的四幅图中，能正确反映渔民看到的"鱼"和鱼所在的真实位置的图的是（　　）。

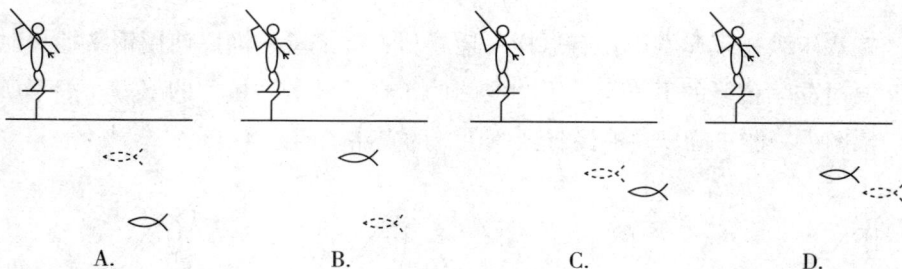

A.　　　　　　　B.　　　　　　　C.　　　　　　　D.

相较于原题，本题在问题的呈现上做了如下两点变动：

（1）没有提供具体的光路图。

（2）隐藏鱼与所见到的"鱼"的位置关系。

改动后的题目对学生的读题、审题能力提出了更高的要求，对学生关于光的折射规律的理解提出了更高要求，对学生的综合能力提出了更高的要求。这一变形题依靠原来初中教学的老路，即记结论、套公式以及背解题技巧，是无法解决的。要解答此题，学生需要综合运用所学的光学知识来理解题述的物理现象。这正与高中物理以学和想为主开展教学的要求相吻合，学生不仅要会做，还要会想；不仅要学会，还要会学。

根据初中物理所学光的折射规律，可以知道：从鱼身上反射出的光线由水中进入空气时，在水面上发生折射，此时折射角大于入射角。折射光线进入人眼后，人脑会认为光是沿直线传播的，因而人眼逆着折射光线的方向看将看到"鱼"。

比较折射角与入射角的大小关系，需要运用逆向思维。渔民之所以能够看到鱼的"像"，是因为鱼反射的光线在水面上发生折射后进入人眼，渔民认为光是沿直线传播的，顺着折射光线的反向延长线看见鱼的"像"，因此人眼与鱼的"像"是在同一直线上的。为了更好地处理问题，我们需要把鱼和鱼的"像"分别抽象为一个点，即点A'和点B（见图1）。把鱼的"像"与人眼（点A）连成直线，根据作图规则，其中人眼到水面的距离为实线，水面到鱼的"像"的距离为虚线。直线AA'与水面交于点O，点O为入射点。连接点O与点B，光线BO为入射光线。过点O作垂直水面的法线MN，标出入射角$\angle AOM$为$\angle\gamma$和折射角$\angle BON$为$\angle i$。根据光的折射规律判断出折射角$\angle i$小于入射角$\angle\gamma$，排除B、C选项。

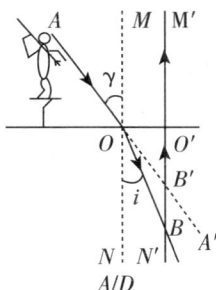

图1　叉鱼光路示意图

判断鱼和鱼的"像"的位置关系，需要找出鱼反射的任意两条折射光线，这两条折射光线的反向延长线相交于鱼的"虚像"。在初中阶段，由于知识水平所限，同时也为降低学生的思维难度，我们一般选取渔民从岸上正上方垂直向下观察鱼的情况。此时鱼反射的光垂直通过水面时，光的传播方向不变。此时AA'与$M'N'$交于点B'，B'为鱼的"像"，经分析可得鱼的"像"B'在鱼真实位置B的上方，如图1所示，因而排除选项D，相应选项A为正确答案。

由于鱼的"像"在鱼真实位置的上方，所以人就会感觉鱼变浅了。同样的解题思路也可以用于解释池底变"浅"，岸上的树变"高"等物理现象。

以上定性分析得到像与物的位置关系，即便过程不够严谨，但仍然能得到正确的答案。"光的折射"内容在初高中物理教材中均出现过，初中要求学生通过实验来掌握光的折射规律，高中则要求学生能通过实验测出玻璃的折射率，会利用折射率公式定量计算折射角或入射角的具体数值。分析初高中不同的教学目标可知，初中习题分析侧重锻炼学生的经验性思维，而高中阶段则考查学生运用理性思维开展学习的能力。为了实现初高中学生思维的有效衔接，初中物理教师要在习题教学中，在发展学生经验性思维的基础上锻炼学生的理性思维。结合高中物理光的反射和折射的知识，笔者在定性分析的基础上做出如下定量分析：

（1）选取大小合适的入射角。如图2所示，当光从水中（相对光密介质）入射到空气（相对光疏介质）中时，入射角增大折射角也随之增大。当入射角增大到临界角时，折射角等于90°，此时发生全反射。运用光的折射公式 $\dfrac{n_1}{n_2} = \dfrac{\sin i}{\sin \gamma}$ 进行计算，其中空气折射率n_1=1、水的折射率n_2=1.33、折射角 $\angle\gamma$=90°，代入公式后计算得出$\sin\gamma$=0.75188，经查表得临界角$\angle i \approx 49°$。经分析可知，入射角应小于49°。选取鱼反射的任意两条光线AB和AC为入射光线，分别与水面相交于点B和点C，过点B和点C分别作法线MN和$M'N'$，标出相应入射角$\angle i'$和$\angle i''$。为了简化处理过程，结合前面的分析，选取入射角为小于49°的特殊角，即$\angle i'$=30°和$\angle i''$=45°。

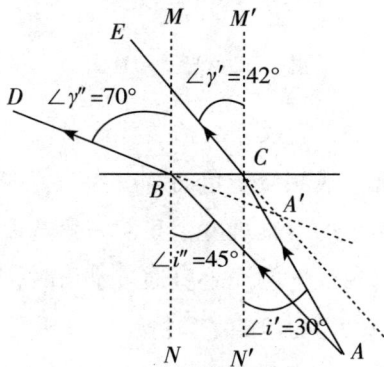

图2　光的折射角度计算

（2）确定折射角的大小。当入射角为$\angle i'$=30°时，反射角相应为$\angle\gamma'$。将$\angle i'$=30°、n_1=1以及n_2=1.33代入 $\dfrac{n_1}{n_2} = \dfrac{\sin i'}{\sin\gamma'}$，计算后得$\sin\gamma'$=0.665，查表得$\angle\gamma' \approx 42°$。同理，$\angle i''$=45°时得$\sin\gamma'' \approx 0.94045$，$\angle\gamma'' \approx 70°$。

（3）完善光路图，明确鱼的"虚像"的位置。利用量角器作出反射光线BD和CE，使反射角$\angle\gamma'$=42°、$\angle\gamma''$=70°。反向延长反射光线BD和CE，此时

*BD*和*CE*交于点*A*′，点*A*′为点*A*的像。观察光路图可知，像*A*′位于物*A*位置的右上方。同样，鱼的"像"将位于鱼真实位置的右上方，由此可知正确的答案为选项A。

由以上分析可知，学生需要结合"叉鱼"的物理情境，充分调动所学的物理知识，经过一系列的分析和综合、抽象和概括的思维过程来解决实际问题。

综上所述，为了实现初高中物理习题教学高效衔接，初中教师需要注意以下几点：

（1）熟练把握初高中物理教材内容的侧重点，对习题进行一一甄别挑选、修改提炼，不能拿来就用。对于不仅不能提升反而阻碍学生思维发展的习题，教师应在熟练把握学情的基础上，深度挖掘原题所考查的物理思维，通过改变物理条件来进行习题改编。只有这样分析解决问题，日积月累，学生的物理思维素养才能得到进一步提升，学生才能更好地适应高中阶段的物理学习。

（2）初中物理习题教学在关注定性分析的基础上加入定量分析，促进学生经验性思维向理性思维的转化。

总之，初中物理习题教学，教师要善于挖掘题目中蕴含的思维方法，加强学生的逻辑思维训练，让学生在习题分析中理解现象的实质，从而促进初高中物理习题教学的高效衔接。

参考文献

［1］物理课程教材研究开发中心.普通高中课程标准实验教科书物理选修3-4［M］.北京：人民教育出版社，2006.

［2］物理课程教材研究开发中心.义务教育教科书物理八年级下册［M］.北京：人民教育出版社，2013.

致力于提升学生核心素养的学案导学

一、案例描述

2018年12月19日，我们听取了高级中学高一（4）班物理教师肖力会的示范课。在课堂教学中，肖老师以学案导学的模式展开教学，从整体上来看，肖老师的"学案导学"课堂教学模式清晰，教学目标基本达成，力图达到提升学生核心素养的目的。

我们的观察点不仅仅是这节示范课，我们要观察的更是学校通过推行"学案导学"课堂教学模式带来的深层次的变化。所以，我们还采用了班级座谈、学生个别访谈、教师个别访谈、电访学生家长等多种形式，整体评估"学案导学"课堂教学模式对学校发展的影响。我们得出的结论是：学校大力推行的"学案导学"课堂教学模式对学校的可持续发展呈正向影响。学案导学课堂教学模式是学校一年来教育教学的实践与探索，积累了较为丰富的经验，有着较好的教学成效，为学校实现教学质量与教育质量的"超越"提供了有力的支撑。

二、案例分析

一年来，学校在指向核心素养提升的课程改革中勇于探索，立足校情生情，不断进行有效课堂教学实践，逐步形成了具有学校特色的，以问题为中心、以素养为核心、以思维为靶心的"学案导学"课堂教学模式，坚持"学在问中，以问导学"，透过问题，感悟真知。在发现问题中解决问题，在解决问题中发现问题，用"问题"激发学生思考，用"学案"把问题引向深入，用"导学"引领学生走向自主发展。

"学案导学"课堂教学模式以问题为中心，形成了问题的发现、提出—问题的分析、解决—问题的感悟、再生的基本结构，即学生通过课前的复习巩固、自主预习，发现学习中的问题，带着问题走进课堂；通过教师的学案导学、同伴的互助，学生主动、积极地参与，形成思维碰撞，实现问题的有效解决；课堂教学始终以学案为平台，不断生成新的学习问题，再将新问题带出课堂，从而将课内学习与课外探究结合起来，提升学生的能力和品格。

在对有效教学的不断探索与实践中，学校也在不断追问与思索：学校教育的目的、追求何在？学校办学的宗旨是什么？在教育名言中有这样一句话：教育是科学，在于求真；教育是艺术，在于创新。而教育的本质和关键在于育人。于是，学校逐步明晰了以学生发展为指向的"求真、向善、尚美"的校训和"师生幸福、社会满意的现代化优质高中"的办学目标。

从以"学案导学"为基本模式的"求真"课堂，到设计开发符合学生发展需要的"求真"课程，再到确立从根本上服务学生终身发展的教学目标，学校的办学行为既考虑学生的深造要求，更考虑学生与广泛的社会生活的契合点。从另一个角度看，学校的办学目标都是在追求培养具有综合素养、健康成长和全面发展的人，而这也与当下所提出的"必备品格+关键能力"的核心素养相契合。

三、案例评析

我们分析的主题是"学案导学模式对学校发展的影响"，现结合所听物理课，从核心素养提升层面谈谈自己的一些看法。

1."学案导学"课堂教学模式是实施素养培养的核心途径

在新课程改革的实施与推进中，绝大多数教师已经逐步确立了以学生为主体的课堂教学理念，但真正将此理念落实内化为教师的自觉行为还很艰难。不少教师为了完成所谓的教学任务（特别是复习教学任务），仍以讲授为主，仍存在满堂灌的现象，学生还是机械被动地接受学习。事实上，学习也好，复习也好，其主体都是学生，只有当学生真正参与到教学过程中来，教学才具有实效性。从本节课来看，教师的整个教学活动就是以学案为主线，以问题为中心设计了若干的学习活动，通过学习活动让学生自主学习，掌握有关力的分解和合成的知识技能，让学生自主构建知识结构框架。整个教学过程就是由若干学生活动组成的，教师在教学过程中不断地引导学生自主学习。

2. 让学生学会学习是实施"学案导学"课堂教学模式与素养培养的着力重心

在听课的过程中，我们发现教师设计的导学案有以下特点：

（1）内容以基础知识为主。

（2）教师让学生或自主或合作学习完成学习任务。

（3）解题析题在于培养学生的应试能力与技巧，让学生自主独立地完成。

（4）通过知识结构框架的构建进一步巩固所学知识。

在授课过程中，教师还充分运用导学案，不断地、及时地、充分地展示学生的学习成果，并给予指导性评价，让学生真正掌握分析的方法与思路。

3. 多维度整合是实施"学案导学"课堂教学模式与素养培养的核心策略

教师设计的导学案是根据所教班级学生的学情，对教学内容进行了重组整合，并根据重组内容优化的教学设计；通过命题、解题析题环节，根据学生的知识储备，让学生对不同情境下的受力进行分析判断，将学与测、考、练等环节有机结合。

四、案例建议

"学案导学"课堂教学模式的推行应该说取得了很好的效果，但我们经过对问题的梳理，提出了以下建议：

（1）要加大力度培养教师队伍的领军人物、教师团队的把关者。虽然学校有一些教学骨干，但在数量上远未达到办一所优质高中的要求。然而全面推行"学案导学"课堂教学模式会加重把关教师的负担。

（2）"学案导学"课堂教学模式的推行可以提升学生的学习效率，但也有可能加重学生的学业负担，建议在导学案设计过程中，对学生进行分层要求。

💬 参考文献

［1］陈水平.信息技术课程教学应用学案导学的实践思考［J］.福建基础教育研究，2018，119（11）：138-139.

［2］李敏贞.初中数学"以学定教、学案导学"生态高效课堂模式探索

［J］.学周刊，2018（8）：49-50.

［3］董斐娜.信息化视域下高职英语深度自主学习模式研究［J］.天津职业

院校联合学报，2018，20（9）：70-75.

［4］王宜涛.简论学生主体性在地理课堂教学中的凸显［J］.中国校外教

育，2018（9）：27.

素质教育背景下再议物理课堂教学改革

任何课堂都应该在改革的背景下前行，以符合不同时代对教育的要求。唯有改革创新才是生产力。物理课堂也应积极推动以课改实验为抓手的素质教育，使教育质量稳步提升。

党的十九大提出了优先发展教育的战略目标，物理课堂教学模式也是紧紧围绕《中共中央国务院关于深化教育改革，全面推进素质教育的决定》、教育部《基础教育课程改革纲要》《全日制义务教育物理课程标准（实验稿）》，以及《深圳市九年义务教育课程计划》等文件精神，结合学校教育教学发展、教师结构层次的实际进行变革的。

一、物理课堂教学改革的意义目标

1. 遵循教育发展原则

为迎接未来教育教学从传统的课堂教学到网络教学，按照课堂教学回归人的自然属性、社会属性和道德属性的发展趋势，探索出路，积累经验。

2. 构建和谐的课堂文化

营造民主平等的课堂文化，构建学习共同体，追求和谐共存的课堂文化；构建多方互动、对话交流的课堂文化；构建尊重差异，彰显个性的课堂文化；打造学生自主探究的课堂文化。

3. 优化课堂教学方式

有效整合（转变）学生的学习方式，构建科学的教学模式。限制是灾，强制是难，包办是害，放手是爱。教师的主导作用在课堂上应表现为引导、点拨、补漏、纠错、评价。

4. 课堂管理更上一个台阶

课堂教学改革研究所要实现的管理目标为：让所有教师的常态课都合格，让相当一部分教师的常态课成为示范课；让所有学生在教学改革中成长，让相当一部分学生在教学改革中成才！

二、改革物理课堂教学模式的原因

在义务教育阶段，物理课程不仅应该注重科学知识的传授和技能的训练，注重将物理科学的新成就及其对人类文明的影响等纳入课程，而且还应更加重视对学生终身学习愿望、科学探究能力、创新意识以及科学精神等核心素养的培养。

课堂作为教学工作的中心，是实施素质教育的主阵地，是教师工作的重要舞台，是学生获取知识、展示知识、交流知识的集中地。课堂教学的中心应是学生的发展而不局限于知识的传承，因此，为了打破传统物理课堂教学模式所带来的桎梏，完成物理课程的蜕变，要让学生经历从自然到物理、从生活到物理的认识过程，体验基本的科学探究实践，注重物理学科与其他学科的融合，使学生得到全面发展；充分利用物理学科的自然属性，让学生主动去探索科学、总结经验，从而实现"促进学生身心发展"的目标，从本质上落实"以生为本"的教育理念。

三、物理课堂教学改革的内容

1. 将关注课堂生成改为关注课堂过程，构建生命课堂

课堂生成是衡量一堂课成败的关键，但这直接导致了功利主义的出现——过分关注学生的知识掌握程度。事实上，课堂应该是兼具动态性和开放性的，二者具有互补性。学生在汲取知识的过程中体验并享受求知的过程极其重要，这会使整个课堂充满活力，对学生日后形成浓厚的学习兴趣、养成良好的学习习惯非常重要。

2. 自主创新学习

改变以教师为主，学生被动接受的"一言堂""满堂灌"模式为以学生为中心，自主创新学习的课堂教学模式。自主创新学习是建立在建构主义的学习理论基础上的。建构主义认为，知识不是通过教师传授得到的，而是学生借助

教师和学习伙伴的帮助，利用必要的学习资料，通过意义建构的方式获得的。教师是意义建构的帮助者、促进者，而学生才是信息加工的主体，是意义的主动建构者。在建构主义的学习理论指导下，学校可以提出让学生自主、创新地学习。美国顶尖中学菲利普斯埃克塞德学校的校长认为，学习必须以学生为中心，而不是以教师，甚至教学内容为中心。

3. 改强调严密性原则为获取技能的能力

一直以来，我们都对知识过分强调，表现之一就是不恰当地要求概念、规律表述得严谨和逻辑关系的严谨。义务教育是面向全体适龄儿童、少年的教育，它的主要任务是提高学生的科学素质，通俗地说就是扫除"科盲"。不可否认，强调严谨性，可以培养学生的逻辑思维能力，但是，没有必要也不可能要求全体学生都像物理学家那样去思维。除此之外，我们也应该清醒地认识到，人的能力是多方面的，社会也需要具有不同能力特长的人，而在各种不同的能力中，数理思维能力不一定是最重要的能力，但让学生主动掌握学习、获取知识的技能却是无比关键的。

4. 改传统课堂评价标准为开放、科学、创新的课堂评价体系

传统的课堂评价标准只是片面地对教师物理教学行为进行评价，主要看教师讲得如何，如物理教学目标是否明确，教学重点是否突出，教学难点是否突破，教材运用是否灵活，教态是否自然，课堂气氛是否活跃，板书是否工整等，无法体现学生的主体地位，根本调动不起学生的学习积极性、主动探究性，创新更是无从谈起。科学、开放的物理课堂教学评价必须是既能促进教师不断提高，督促课堂教学改革高质量完成，又能促进学生全面发展的评价。因此，科学的课堂评价体系的建立关系到整个改革的成败，学生的反馈除了包含智能因素外，更加应该加入情感、态度、价值观等方面的内容，力求评价的结果更加接近受评者的真实水平。

5. 学校进行改革

将原来改革大多是在管理层、教师之间讨论研究的模式改为为充分发动学生参与改革的模式。学校进行改革，归根结底都是为了让学生更好地发展。虽然从心智发展的程度上来看，义务教育阶段的初中生还没有参与改革的能力或者意识，但学生作为课堂改革的最终受体，是最有权利也是最有资格参与到改革中来的，唯有让学生明确自己的责任和学校改革的意图，他们才能更加主动地了解改革、参与改革，从而使改革变得更有意义。

四、物理课堂教学改革的实施途径

课堂教学改革是一个庞大的工程，从确定改革方向、制订实施方案到教学评估等涉及的环节比较多，在既有的教学体制内寻求生存的空间，并且还要取得突破性的成果，实属不易。不破不立，不废不兴。为了更好地说明实施方案，下面以八年级（4）班为例，说明情况。

1. 课堂座位的变化

学生座位的变化是此次课堂教学改革的主要标志。具体变化如图1所示。

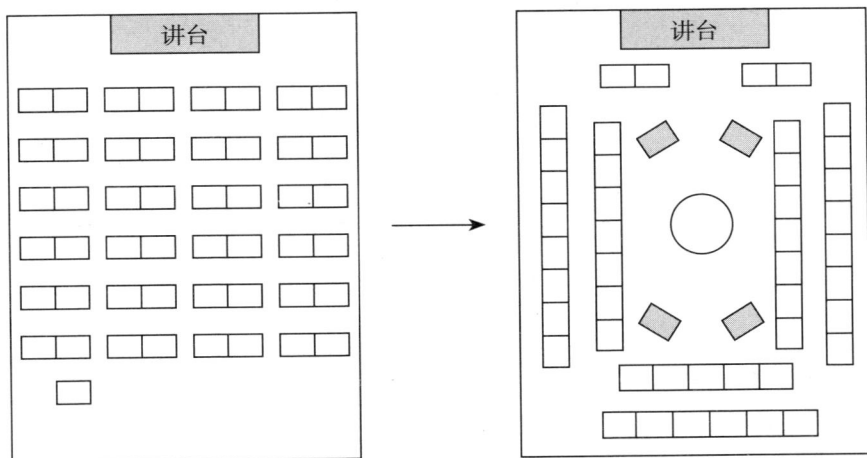

图1　教室座位示意图

说明：按照教室的尺寸和对讲课的要求，设计如图1（左）所示的学生座位，每块区域都有各自的功能，下面在涉及新课讲授的方式的时候，会说明各个区域的功能。

2. 授课方式的变化

一直以来，教师都是站在讲台上，面对学生进行讲授，不能说这种讲课方式不好，事实证明，面对面的讲课方式在现代教育教学模式中也收到了很好的效果，但是，其缺点也很明显。首先，教师给学生一种高高在上、难以接近的感觉，让学生对教师产生一种距离感，学生难以做到"亲其师，信其道"；其次，学生不能主动地参与到课堂活动中来，体验和感悟知识的获取过程；

最后，我们说，课堂生成的东西来源于学生经验的重建和学生思维与智慧的碰撞，这就需要建立一个互相沟通、讨论的平台，而传统的座位模式显然不能满足这一点。为此，就把原来的课堂设计成如图2所示的形式。

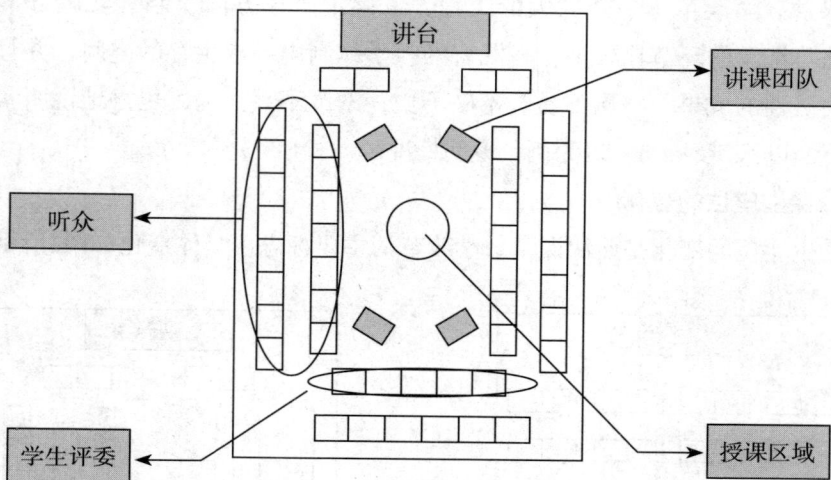

图2　教室座位说明图

在新的课堂模式下，学生与学生、学生与教师的职能各不一样，具体说明如下：

（1）学生主导。

① 讲课团队四名学生：讲课团队在科任教师的安排下，分配任务，通过课下的自学和主动寻找资料，完成某个课题的讲授（最好是新课）。

② 学生评委为五名学生：学生评委站在学生角度审视讲课学生，通过教师制定的教学评估表，对讲课的学生进行打分，每个月评选"讲课之星"。

③ 听众为学生：他们随时可以对讲课学生提出质疑，反映问题，甚至可以登台向大家讲解，目的只有一个，让大家受益，让课堂彰显生命力。

（2）教师引导。

① 控制节奏。改革后课堂模式必然与教师传统的授课观念相冲突，当课堂给了学生之后，教师只是静听，会产生很多的不适应。事实上，这种模式的教学对教师的课堂掌控能力提出了更高的要求：一方面，教师要关注讲课学生对知识的体验感悟；另一方面，教师要观察学生与学生之间的交流反馈，以便在总结课堂教学时更有针对性、科学性。

② 制订课表。在满足现有的课程计划和课程标准的要求下，为落实好这种课堂模式的教学效果和跟进课程教学计划，必须做到科学规划、统筹兼顾，制订操作性强、规范性强的课表。

3. 讲课安排

此种讲课模式还处于一个探索阶段，实践是检验真理的唯一标准，为了更加直观地感受教学效果，以便得到一个综合的评价，寻找纰漏，进而改善，以人教版九年级上学期物理课程教学计划为例，说明学生讲课安排：本学期，九年级物理需要完成的内容是人教版九年级第十三章至第十七章的内容，如下所示：

第十三章：力和机械。

第十四章：压强和浮力。

第十五章：功和机械能。

第十六章：热和能。

第十七章：能源与可持续发展。

（1）学生分组（45人）。将学生分为11组，每组4人；按照学生性别、成绩、性格等综合因素来确定组员，整体原则是：取学生之长，补学生之短；扬学生之长，避学生之短。

（2）课时安排。初步计划8个课时。（"能源和可持续发展"不上实验课）每个章节分配两个实验课时：一次新课讲授，一次单元习题课。如此，一学期可以直接实现32名学生登台讲课，一轮讲课之后，直接或间接参与教学的学生就基本覆盖了全班学生。

（3）课前准备。

① 提前三周左右时间将讲课内容安排给学生，并指导学生如何自学新课，讲授什么内容等。

② 制订学生讲课评分表，遵循原则是：因课而异，因人而异，综合评价。

（4）桌椅摆放。利用课间十分钟，在讲课学生的组织下，迅速将学生桌椅摆成物理新课堂教学模式下的形式，授课结束后，还原桌椅摆放形式，方便其他任课教师上课。

（5）范围拓宽。

① 从单元单节新课到多节新课。随着新课堂教学的深入开展，学生习惯

并积极参与到其中，体验探求知识的乐趣之后，教师可以适当增加学生的讲课课时，甚至可以在不影响课程计划的前提下，将课堂完全交给学生。

② 由原来的九年级推广到八年级。义务教育阶段是学生学习习惯形成的重要时期，而学生主动探索知识、感悟知识并运用知识显得尤为重要。从初中阶段开始培养学生的学习习惯，学生在之后的学习中便会更轻松、更主动。

③ 从物理学科推广到化学、数学等学科。无论采取何种教学模式，何种学科，其目的如果不是能更好地体现"以生为本"的理念和让学生成为课堂的中心，都不能称作革新的课堂。此次改革还存在很多不成熟的地方，但这并不影响它所传达的理念，而这是不同学科课堂所应共同具备的，故此，可向化学、数学、语文等学科推广。

五、物理课堂教学改革的总结

以往我们仅仅重视如何做好教师的教与学生的学，并没有取得实质性的进展，原因就在于没有找到正确的途径或方式。义务教育阶段的中学物理课堂教学应体现如下的思想认识和做法：

（1）体现物理教学过程不仅是一个认知过程，同时还应是情感、态度等非结构性情境的心理体验和顿悟过程，以及有时空局限性的个体社会化过程。初中生在学习物理的过程中不仅需要概念、规律等理性知识，也需要现象、事实等感性经验；不仅需要间接经验，也需要直接经验；不仅要认识客观世界，还要认识自己的主观世界。这些都要靠学生自己去感悟和体会，因此，就必须充分发挥学生学习的主体作用，而这种新模式下的课堂教学可以实现这一点。

（2）体现科学探究的思想，促进学生学习方式的转变。学生为了上好一次课，做好一次演讲，课下必然会主动寻找资料、筛选资料、整合资料。这个过程充满了乐趣和科学探究，通过这种训练，学生的"学"已毫无疑问体现出来。

（3）体现合作学习与自主学习的思想。教师要创设师生共同探讨的教学环境，肯定学生的自主学习、合作学习，促使学生学会合作、学会学习。把课堂教学作为一个信息反馈平台，让所有学生尽可能参与其中，进行一场精彩的"华山论剑"。

（4）体现STS（科学技术社会）教育的思想。物理作为一门自然科学，所有的教学都应该遵从其学科属性。在物理教学中应引导学生应用物理知识解决实际问题，理解科学、技术和社会之间的关系，培养学生对个人和社会问题做出科学决策的能力。

（5）教师在指导过程中促进师生互动，如加深教师与讲课学生之间的交流，鼓励学生与教师、学生与学生进行合作，在课堂讨论中启发学生发表较为独特的意见等。

以上五点是衡量此次物理课堂教学改革是否成功的重要方面，也是改革的核心。本着实事求是的原则，花大力气，用大智慧，最终定会成大气候，深圳市坪山实验学校的明天也将更加美好。

参考文献

［1］刘加霞，申继亮.国外教学反思内涵研究述评［J］.比较教育研究，2013（10）：30-34.

［2］陈向明.实践性知识：教师专业发展的知识基础［J］.北京大学教育评论，2013，1（1）：104-112.

［3］张天宝.试论教育对话及其基本特征［J］.北京大学教育评论，2005（3）：102-106.

［4］施小菊.运用反思性教学提高体育实习教师专业能力的实验研究［J］.北京体育大学学报，2004（2）：238-240.

浅析新课程标准对物理课堂教学的指导作用

——人教版八年级上学期《运动的描述》课堂观察报告

一、观察背景

随着我校申报的深圳市重点课题"义务教育九年一贯制学校课程的整体建构与实施"的立项，大单元主题教学进入了具体实施阶段。大单元主题教学要求教师根据课程实施的水平、目标，以教材为载体，确立若干个教学主题，教学中遵循学生学习的一般规律，以主题为线索，开发和重组相关的教学内容，以指导学生学会学习为主线，进行连续课时单元教学的教学方式。而进行大单元课程教学的根基在于解读新课程标准，也就是要把新课程标准所倡导的理念贯彻到课堂教学中。我校青年教师比例较大，专业能力较为薄弱，在解读新课程标准时常常把握不准。恰逢我校教学处组织新教师举行汇报课讲课活动，学校全体物理教师听了陈志荣老师的《运动的描述》。结合新课程标准解读，从我的视角去看这节课，有些思考和感悟：在新课程标准理念的指导下，我们要做一名让学生体验的教师，做一名有目标的教师，做一名有教育机智的教师，做一名有教育情怀的教师。

二、观察设计

观察对象：运动的描述。

观察点：新课程标准理念在教学中的贯彻。

观察视角：突破教学重难点的教学策略。

观察量表：教师的教学环节、教学设计与新课程标准理念是否相符。

观察过程：准备阶段——提前听该教师两堂课，了解该教师的上课特点，尤其是教学设计的指导思想，以便有针对性地进行观察和比较。

现场阶段——主要任务是观察与记录。

反思阶段——观察之后的反思与分析。

三、观察分析

从观察情况看，在教学实践中，授课教师在课堂上与学生能够互动自如，让学生充分地展示自己，并且给学生很大的思考空间，增强学生对知识点的理解和记忆；学生围绕教师提出的问题，开展多种形式的活动，教学效果较为明显。但在教学设计中，体现更多的是青涩和把握不准，所以出现了很多有待商榷之处。下面我们一起走进陈老师的课堂，看看陈老师教学的有待商榷之处，共同探究物理教学的真谛。

1. 创设物理情境，做一位让学生体验的教师

请看授课教师的新课引入（见图1）。

图1　新课引入物理情境

这四幅图片是授课教师引入新课的方式。多媒体手段作为现代课堂的知识载体，其高效性、直观性、生动性毋庸置疑。现代信息技术的迅猛发展和网络技术的广泛应用，为丰富物理课程资源提供了技术条件，但新课程标准告诉我们，在进行探究式教学时，教师应创设一定的探究情境，激发学生的探究欲望。例如，通过引入生活实例或进行小实验等，设计认知冲突，使学生带着疑问、充满好奇地进行科学探究活动。

所以说，物理作为一门以实验和推理为基础的学科，在用事例引入新课时，首选应该是物理实验和学生容易感知的生活实践，而不是PPT画面中出现的运动和静止的物体，它不像联系学生生活、联系社会、联系科学的事例鲜活，学生感知没那么深刻。

带着这样的物理教学思想，我们还应该认识到，实验教学是物理教学的重要组成部分，是落实物理课程目标，全面提高学生科学素养的重要途径。要发挥实验在物理教学中的重要作用，需要正确认识物理实验的教学目标，注意把握实验教学的特点，合理开发实验教学的课程资源，让物理实验从课堂走到课外，走进学生生活，让物理实验成为教师教物理、学生学物理的最重要方法，让物理实验探究的思维方式成为学生终身的思维方式。

2. 把握重点、难点，做一名有目标的教师

作为教师，把握每一节课的重难点是备课的关键，每一节课的重难点决定了这节课的教学目标，进而影响教师为达到教学目标而选择的教法和学生的学法。也就是说，对一节课重难点的把握决定了整堂课的设计和效率。

请看授课教师对机械运动定义的讲授片段：

师：图片上的物体在做机械运动吗？

生：是的。

师：机械运动的定义是物体位置的改变。（板书）

师：……老师现在在讲台上行走，是机械运动吗？

生：是。

师：老师不是机械呀，怎么是机械运动呢？

生：……

师：来看一道习题，五四运动是机械运动吗？

生：不是。

师：但这个词中有运动呀？

生：……

师：……

这个讲授过程大约持续了10分钟，时间较长。应该肯定的是，陈老师能够用提问的方式将学生的思维带入概念的学习中，但在重难点把握上，有很多有待商榷之处。

首先，对机械运动这个概念，应该重点把握的是"位置改变"，而不是"机械"，一个清晰的物理概念的建立不在于物理名词的表面而在于概念本身。陈老师不仅没有把握住"位置改变"，相反，在提问过程中还有误导学生的行为，把学生的思考重点导向了"机械""运动"。我认为这是不可取的。

其次，在新课程标准中，关于这一节的三级教学目标的表述如下："2.1.1 知道机械运动，举例说明机械运动的相对性。""知道"在新课程标准中是要求最低的认知性目标，不应该用相对较长的10分钟。

那么，本节课的重难点应该放在哪里？这也是我最后要表达的，应该是举例说明自然界存在多种多样的运动形式，知道世界处于不停的运动中。

先看授课教师突破重难点的思路。图2是授课教师为突破重难点展示的图片和视频。

图2　相对运动的物理情境

应该说，这些图片和视频都选择得非常好，陈老师想通过对这些图片和视频的讲解与分析来突破重难点。但我认为，本章节要学习的核心内容是物质处于永恒的运动和相互作用中，这也是学习物理学的基础。这部分内容涉及较多的物理概念和规律，比较抽象，教学时应注意联系学生的生活实际。也就是说，放手让学生去列举生活实例，让学生之间展开讨论，让学生去展示运动和静止的物理情境，让学生去评价、鉴别物理实例的优劣，让学生成为学习的主体，所以，在教学设计中应注重联系学生生活中的事例，让学生乐于探索日常生活中的物理学原理，引导学生从自然走向物理，从生活走向物理，从物理走向社会，让学生经历对知识的探究过程，发展学生探究问题和解决问题的能力，培养学生的科学态度和科学精神。

3. 抓紧教学契机，做一名有教育机智的教师

先来看一个教学片段（见图3）。

图3　相对运动的物理情境

教师引用这个视频的目的是说明参照物的选择会影响对物体是否运动或静止的判断，师生对话如下：

师：这一列火车究竟是运动的还是静止的？

生：……（视频选得很好，确实难以判断）

师：为什么？

生：因为看不见月台！（很好的一个回答）

师：大家看图片，我们是在月台上看吗？……

这是一个典型的失去教学契机的教学片段，如果能够抓住学生说的"因为看不见月台"，可以一步步引导提问，预设如下。

师：如果可以站在月台上，就可以判断了吗？

创设情境：老师现在是火车，甲同学站在月台上，老师现在向哪个方向运动？

生：左或右。

师：是很好判断，我们很好判断的原因是选择好了参照物，所以说，参照物的选择会影响对物体是否运动或静止的判断。

师：现在再来判断火车运动了没有。（播放视频，以另外一辆火车为参照物）

生：……（确实难以判断）

师：参照物就是我们站在上面看的物体，它的选择对于判断物体运动和静止是多么重要。

师：现在我们为什么不好判断火车是运动的还是静止的？

生：因为我们不知道参照物的运动情况……

如果课堂能够像上述预设那样发展，无疑会对参照物的探讨更充分，学生的思维更深入。所以，我们在进行教学设计时还应根据教学内容、学生情况及实验条件等预设探究活动的大致过程，并且清楚探究活动中的难点、重点与兴奋点等。在进行科学探究活动过程中，常常会出现"节外生枝"的情形，因此要在教学设计中预设哪些地方可能出现问题，解决这些问题的方式可能有哪些等。

抓住教育契机就会成为有教育机智的教师，就会在处理"节外生枝"问题时，以及对待处于一时激情状态的学生时，有能力去处理，就会让我们面临复杂教学情况时有敏锐、迅速、准确的判断能力。尽管教学机智是瞬间的判断和迅速的决定，但教学机智往往是教师在教学过程中面对特殊的教学情境最富灵感的"点睛之笔"。

4. 升华教学内容，做一位有教育情怀的教师

做一位有教育情怀的教师是每一位教师孜孜不倦的追求。学生在学校学习，我们究竟要教会他们什么？联合国教科文组织于1986年就提出了教育的四大支柱，也可以说是教育的四大目标，即Learning to know（学会求知），Learning to do（学会做事），Learning to cooperate（学会合作），Learning to be（学会生存）。教育部最新颁布实施的新课程纲要中也明确提出：教育的追求，除了学业成绩，还有学习态度、创新精神、动手实践能力、解决问题能力、科学探究的精神以及健康审美的情趣。这就十分明确地告诉我们，上学，不仅仅是学习书本知识，更不是追求那个"一百分"。上海市近年推出了评价中小学生的绿色评价指标，深圳市也大力倡导培养中小学生的八大素养。这些教育战略思想都有一个共同的特点，就是我们培养的应该是一个"人"，我们传授的知识是让他们成为"人"的载体，而不是让我们培养的"人"成为知识的载体，否则将本末倒置。

具体到这节课的知识载体，我希望授课教师能够将"相对和绝对"上升到一个更高的理解高度。运动是绝对的，静止是相对的，相对与绝对是反映事物性质的两个不同方面的哲学范畴。相对是有条件的、暂时的、有限的，绝对是无条件的、永恒的、无限的。相对和绝对是同一事物既相互联系又相互区别的两重属性。

马克思主义哲学认为，世界上一切事物既包含有相对的方面，又包含有绝对的方面，任何事物都既是绝对的，又是相对的。

虽然，我们不必对学生讲得如此深奥，但教师如果有这样的哲学思想做指导，必然会教给学生用辩证的思想去看待问题。

以上就是我对这一节《运动的描述》公开课的感悟。提出的待商榷之处有四点，在今后的教学工作中，一起共勉。

参考文献

［1］刘耀明.反思性教学与教师的专业发展［J］.北京教育，2013（10）：
　　9–11.

［2］胡波.高师物理教学法课程改革的研究与实践［J］.滨州学院学报，

2014（2）：48-54.

［3］李家黎，陈荟伉.论反思性教学与教师专业化［J］.长春工业大学学报
　　（高教研究版），2005（1）：51-52.

［4］曹东云，黄娟.信息技术支持的反思性外语教学［J］.长春师范学院学
　　报，2004（10）：102-105.

展示知识形成过程　找回物理课堂原味

——"探究I与R，I与U的关系"课堂观察研究

物理的真谛在于格物究理，"物"是"理"的载体，"理"是"物"的抽象，在"物"的世界里，通过观察和实验而获得"理"的知识，这是物理教育思想的核心所在，物理课堂应体现物理教育的这种核心思想。然而在一些物理课上，却把这个过程无情地"省"掉了，取而代之的是急于求成地把知识结论塞给学生，然后进行大量的训练，企图用"题海战术"来提高学生的物理思维能力，这无疑是种本末倒置的做法。笔者在观察"探究I与R，I与U的关系"的教学过程中发现，授课教师通过展示规律的形成过程，由感性到理性、由特殊到一般，让学生知道发现规律的必要性和重要性，正确理解规律的内涵和外延，为提高学生的物理思维能力，正确运用物理知识打下了牢固的基础。

一、提出问题与猜想

"提出问题"对于科学探究的重要性，科学和哲学的先辈们早有阐述。诺贝尔物理学奖得主费米说："作为一名学生要会解答习题，而作为一个研究工作者则要学会提出问题。"20世纪最伟大的科学家爱因斯坦说："提出一个问题往往比解决一个问题要重要，因为解决一个问题也许仅是一个数学上的或实验上的技巧而已，而提出新的问题或新的可能，从新的角度看旧问题，却需要创造性的想象力，而且标志着科学的真正进步。"在"探究I与R，I与U的关系"的教学中，授课教师是通过以下教学环节完成提出问题和猜想的。

教学片段1

师：前面我们已经学过了电流、电压、电阻这三个物理量，大家有没有思

考过它们之间的关系呢？换句话说，U和I之间有什么关系？I和R之间有什么关系？（板书课题）

生1（抢答）：在电阻一定时，U越大，I越大。

师：你这样猜想有什么根据呢？

生1（迟疑片刻）：我们可以把U比作压力，压力越大，它的作用效果就越明显。

师：用一句话来表述，就是"电压是产生电流的原因"。那么I和R之间有什么关系呢？

生2（抢答）：R越大，I越小。

师：你猜想的根据是什么？

生2：因为电阻是阻碍电流的能力。

师（总结）：I与U和R都有关系，在研究中我们应该运用控制变量法。

在探究性教学中，发现和提出问题是教学的开端。问题存在的本身就激发了学生的探究欲，而能够提出有价值的科学问题，表明学生对学习有了一定的知识准备和情绪酝酿，探究活动有了大致的方向。提出问题、猜想与假设是探究性学习中最需要创造力的要素。

二、设计实验与验证

物理实验的设计包含了复杂的思维过程。首先要清楚实验变量是什么，如何很好地控制实验中的无关变量，如何将实验变量的变化清晰有效地显示出来以利于观察，如何减小误差，等等。这其中包括各种研究方法的使用，如控制变量法。而实验的实际操作过程需要实验实施者运用观察能力和动手操作能力。这也正是物理实验最重要的环节，即实施解决方案的过程。一般情况下不会是一蹴而就的，往往会遇到很多事先没有想到的情况，如意外因素的干扰等。这时候往往需要实验者回头重新分析实验设计，及时发现问题，并尽可能借助动手操作的过程进行各种调整，来使实验操作和观察现象顺利进行。

教学片段2

师：这位同学刚才讲了一个很重要的信息——要改变电阻的大小，我换一个定值电阻不就达到目的了吗？我换一个大电阻，发现电流变小了，是不是就和我的猜想一样了？

生3：是。

师：但是有一个漏洞，漏洞在哪里？

生3：控制电压不变。

师：很好，要记得我们现在在用控制变量法进行探究。我接着往下问，如果我把5 Ω的电阻换成10 Ω，电阻两端的电压怎么变？

生4：变大。

师：那我应该怎样调节滑动变阻器？

生4：把滑片向右移。

教学片段3

师：很好，这两个同学的电路图都是正确的，但是第二个同学的电路图更好，美中不足的就是没有用铅笔和直尺。接下来，我们就按照这个电路图开始实验。哪个同学上来连接电路？

生5（抢先一步）：我来。

生：滑动变阻器没有调到最大阻值处！（生5改正操作错误）

师：请你读出一组数据。

生5（观察电表示数）：此时电压表的示数是0.8 V，电流表的示数是0.08 A。

师：接下来我们应该怎么做？

生6（取出一节干电池）：现在电压表的示数是0.4 V，电流表的示数是0.04 A。

生7（滑动变阻器滑片）：电压表的读数是1.3 V，电流表的读数是0.13 A。

生8（滑动变阻器滑片）：现在电压是1 V，电流是0.1 A。

师：好，我来点评一下，刚才大家做得都很好。我们控制R不变，改变电压，同学们有两种做法：第一种是改变总电压；第二种是移动滑动变阻器，改变被测部分的电压。那么我们接下来还要探究I和R之间的关系，应该怎么做呢？要探究它们两者之间的关系，就要改变电阻，但要保持电阻两端的电压不变。（把10 Ω的电阻换成5 Ω，调节滑动变阻器使电压表示数为1 V）现在电流表的示数是多少？

生：0.2 A。

师：现在我再把电阻换成15 Ω，大家再看，现在电压表的示数是多少？

生：0.05 A。

授课教师在带领学生设计实验时始终以学生为学习主体，避免了灌输式的教学，取而代之的是聆听学生、启发学生，加强生生之间的互动，用思维去启发思维。在实验实施的过程中，鼓励学生组内组间合作，使学生成为课堂的主人，增强学生课堂的参与感，让学生体验规律的发现过程。

三、总结结论与交流

物理课堂应有严谨的逻辑性。中学物理教学随着学生年龄和知识的增长，理论上的数学计算、逻辑推理也逐步加强。这要求我们重视并努力发挥中学物理教学的这一特点，使学生在学习物理的过程中得到科学方法的训练和科学素养的培养，并有利于加强学生的思维认知能力。在这一节的内容中，电流、电压和电阻三个物理量之间谁和谁有关系，有着严谨的逻辑性；电压由电源提供，电阻是导体本身的一种性质，电流随电压、电阻的变化而变化，所以电流和电压、电阻有关。但具体有什么关系呢？这就有赖于对前面实验数据的分析与总结。这一部分也是学生逻辑思维能力的重要培养途径。另外，在实验结束后，对实验操作方案和数据收集的过程进行分析，也能充分培养学生的批判性思维。

教学片段4

师：很好，大家来看一看我们刚才两个探究实验的数据，能得出什么结论？

生：在电阻一定时，电流与电压成正比。在电压一定时，电流与电阻成反比。

师：是的，这就是欧姆定律的表达式 $I=U/R$（板书）。现在我们再来从数学的角度理解一下，电阻一定时，也就是分母一定，分子越大；也就是电压越大，分式的值也就是电流也会越大。反过来，分子一定时，分母越大，分式的值也就越小。这和我们的猜想是一致的，说明我们的猜想是正确的。

教学片段5

师：我们回过头来看一看整个实验操作过程，大家观察到了哪些不规范的操作？

生9（抢答）：连接电路时开关没有断开。

生10：连接电路时滑动变阻器的滑片没有滑动到阻值最大的地方。

生11：画电路图不用铅笔和直尺。

师：大家说得很好，请同学们以后注意作图和实验的规范问题。

授课教师在这一部分内容的执教过程中，不断启发学生去表达自己的观点，实验结论也慢慢被补充完整。笔者从观察中发现，实验结论完全是学生对实验数据加以总结得到的，在后续的讨论过程中也不断被完善。另外，在交流过程中，以学生的错误操作作为教学材料，更贴近学生，教学效果自然高于网络图片和练习册上的错误操作。

四、分析结论与应用

新课程标准指出，物理课程应重视与生产、生活实际及时代发展的联系，应关注学生的认知特点，加强课程内容与学生生活、现代社会和科技发展的联系，关注技术应用带来的社会进步和问题。物理学的"美"来源于生活，并最终服务于生活。授课教师在执教过程中就将生活素材带入了物理课堂。

教学片段6

师：刚才我们已经通过实验数据得出了正确的结论，现在我们就来运用欧姆定律解决实际问题。大家抬头看看日光灯，现在假设日光灯的电阻是110 Ω，请大家计算通过日光灯的电流是多少。

生12（思考后）：2 A。

师：你是怎样计算的？

生12：因为家庭电路中的电压是220 V，根据欧姆定律$I=U/R$，计算得到的电流为2 A。

师：你说得很对，大家听懂了吗？

生：听懂了。

物理与生活有密不可分的联系，但这些学生往往不关注，或者关注了未必知道，因此教师就应该在课堂上经常列举类似事例，来弥补学生生活经验的不足，加深学生对其的认识。

参考文献

［1］吴晓红，马雪婷，高霞."课堂观察量表"教师提问观察点的设计之我见［J］.通化师范学院学报，2013（2）：83-85.

［2］崔允漷.论指向教学改进的课堂观察LICC模式［J］.教育测量与评价

（理论版），2010（3）：4-8.

［3］陈佳钰.传统听评课的革新——论课堂观察LICC范式［J］.教学月刊小学版（综合），2016（1）：23-25.

［4］王娟.多维、合作、反思：中美课堂观察模式的比较与启示［J］.教育研究与实验，2016（1）：37-42.

初中物理教学中如何创设情境
提高课堂教学效果

从新课程改革的实施，到现在大力倡导提升学生的核心素养，使得课堂教学从教学理念、教学内容到教学方式，都有较大变化。其中有一个重要变化，就是在教学中教师要创设合适的情境，让学生积极参与、乐于探究、勤于思考，让学生体验发现物理规律和解决问题的过程，使学生经历知识形成的过程。因此，在初中物理课堂教学中，教师的首要任务在于营造生动活泼的教学气氛，重视学生的内心体验与主动参与，通过创设与教材内容有关的情境，利用各种条件，把学生带入情境进入学习主题，让他们在情境中实地捕捉各种信息，产生疑问，分析信息并引出各种设想，引导他们在亲身体验中探求新知，开发潜能。现结合笔者的教学实践和体会，就课堂教学中如何创设物理教学情境，提高教学效果的问题谈谈自己的一些肤浅认识，不当之处，欢迎各位批评指正。

一、联系社会生活实际创设物理情境

新课程改革要求物理教学加强与生活、现代社会及科技发展的联系。物理中的许多概念、规律都是建立在对生活现象观察的基础之上的，但具有很强的抽象性。这些抽象的知识会给学生的学习带来一定的困难，在物理课堂教学中，紧密联系学生的生活实际，从学生的生活经验和已有的知识出发，利用生活实例创设情境，将物理概念、规律还原到学生熟悉的实际生活中，就能够激发学生兴趣，唤起学生原有的认知与生活体验。

比如，在《摩擦力》的教学中，让学生回忆生活中的爬杆实例，分析在向上、向下爬的过程中，人所受到的摩擦力的情况；在"超重与失重"的教学中可以利用学生乘坐电梯上升和下降过程中的感觉来创设情境。这些现象都是学生在生活中熟知却未曾深究的，当教师将其呈现在课堂上时，很容易引起学生的兴趣。

教师通过有目的地引入、制造或创设与教学内容相适应的具体场景或氛围，能引起学生的情感体验，帮助学生迅速而正确地理解教学内容，发挥学生的内在潜能，使学生进入学习的最佳心理状态，给学生创设乐学的情境，体现以学生为中心的教学理念。

二、利用实验创设物理情境

物理是一门以实验为基础的学科，实验教学不仅能让学生感知物理学规律，还可以培养学生的观察能力、思维能力和动手能力。好的实验能引起学生的直接兴趣，适当而巧妙地运用实验手段来创设情境是加强物理情境教学的重要途径之一，对提高教学效果会有极大的帮助。教学中应尽可能创设实验情境，让学生置身于实验环境中。教学中不但教材要求的演示实验、学生实验要开足开全，而且还应设法将演示实验改为学生的探索性实验，增加新的演示实验，即要在教学中创设一个能引起学生兴趣的，并且和课本中的原理性知识相关的实验问题，让学生发表看法，参与讨论，培养学生主动获取知识的能力和主动探究实验的能力。

例如，在"凸透镜成像"的教学中，教师可以创设这样一个情境：

我们很多学生使用的近视眼镜是不是只能看见正立的像，能不能看见倒立的像呢？取一个近视眼镜，引导学生看远方的物体，就可以看到一个倒立的像了。这一问题情境的创设让学生的思维被迅速激活，使学生产生了强烈的求知欲望。

再如，在"作用力和反作用力"的教学中，常遇到这样一个问题：比较拔河比赛过程中胜负双方对绳子拉力的大小。不少学生凭想象认为胜方拉绳子的力大。如果教师仅仅从理论上分析双方拉绳子的力是一对作用力与反作用力，大小应该相等，并不能让所有学生信服，不妨创设如下情境：让班上力气最大的男生站在滑板上与力气最小的女生进行拔河比赛，结果男生大败，教室内一片欢腾。这一情境的创设活跃了课堂气氛，激发了学生的学习热情，形成了一种努力探究的心理。此时引导学生讨论分析：既然拉力相等，为何出现胜负呢？最终使学生明白：拔河比赛双方的胜负取决于双方脚底所受摩擦力的大小，与施加给对方的反作用力无关。通过这一教学情境的创设，使学生获得探究的满足感与乐趣，从而激发学生学习的兴趣。

在教学活动中创设实验情境，使学生身处情境之中，通过脑、眼、手、口等多种感官参与，让学生亲身经历知识的形成过程，实现和展开思维活动，自主探索发现、感受、展现物理知识的产生过程，让学生身临其境，这样学生就参与了物理思维的全过程，从而加深了对所学知识的认识。

三、利用递进式、启发性问题创设物理情境

著名物理学家韦斯科夫说："科学不是死记硬背的知识、公式、名词。科学是好奇，是不断发现事物和不断询问'为什么'，科学的目的是发问。它主要是询问的过程，而不是知识的获得。"学生在学习的过程中要发现问题、提出问题，需要一定的问题情境，而教师的"导"就是给学生创设问题情境，将学生带进问题探索者的"角色"，唤起学生的思维，激发学生的求知欲望，使学生被"卷入"学习活动中，以达到掌握知识、训练思维的目的。这种教学模式最大限度地发挥了学生的主体作用和教师的主导作用，真正还课堂于学生，极大地提高了课堂教学效率，使课堂教学成为创新教育的主阵地。

例如，在学习影响滑轮组机械效率的实验时，可以用问题链的方式提出下列问题：①请你数一数这个滑轮组中定滑轮和动滑轮各有多少个？你还记得它们的作用吗？②请你数一数这个滑轮组中承重绳的段数n；若晾衣架上所挂衣服的质量是4 kg，动滑轮、杆和晾衣架的总质量为1 kg，请你计算绳子自由端拉力的大小F。③小燕同学用力F拉动绳子的自由端，在5 s的时间里使衣服匀速上移0.5 m，求拉力F所做的功。④请你计算这5 s内有用功的大小。⑤根据前面的计算，请你计算整个过程中的晾衣架的机械效率是多大。有这五个递进的问题，学生的兴趣会马上被激发出来，学生很想通过这节课了解滑轮组工作的原理。

再如，在学习重力时，教师可以提出以下问题：

（1）牛顿观察到苹果落地，那么月亮为何不落地？

（2）如果在高山顶上把苹果高速向上抛出，苹果会落地吗？

（3）地球对物体的吸引、行星对卫星的吸引、太阳对行星的吸引是同一种

作用吗？遵循相同的规律吗？（学生通过研究得出三种作用性质相同、规律一致，然后推广得出万有引力定律。）

这种教师引导、创设问题情境，学生追根溯源、探索新知、自主学习的教学方式使教学过程成为学生内心体验和主动参与的再发现过程，这样学生对学到的知识印象深刻，来龙去脉清楚，能较好地激发学生的创新意识，发展学生的创新思维。

四、利用各种图形图像创设物理情境

美国科学家蒂恩说："如果一个特定的问题可以转化为一个图形，那么，思想就整体地把握了问题，并能创造性地思索问题的解法。"在物理教学中，图形常常被用于创设物理情境，经常应用的有示意图、矢量图和模型图等。高中物理难学是大多数高中学生共同的感受，其普遍现象是"上课听得懂，但课后不会做"，问题的症结就在于学生往往容易受表象因素干扰，不善于抽象出问题的本质特征，不能从实际的问题中抽象出具体的物理情境和物理模型，导致建立物理情境和物理模型困难。这反映出理论联系实际的教学确实是我们教学中的一个薄弱环节，为此在课堂教学中，我们应该尽可能地将题目中的文字"翻译"成图，建立正确的图解性物理情境，从而在错综复杂的实际问题中抽象出物理模型，逐步让学生学会对所给的信息进行提炼和加工，突出主要因素，忽略次要因素，找到新问题与熟悉的物理模型之间的联系，使新信息与原有知识之间的迁移保持畅通无阻，这样就可以使新问题顺利地实现模型化，构建起符合新情境的物理模型。

在课堂教学中，对于一些比较复杂又具有代表性的物理模型，如在光的反射和折射中的光线，围绕在磁体周围表现磁体强弱、形状、方向的磁感线等，要经常以图解的形式建立物理情境，也可以借助多媒体手段制作一些动画课件，对这些过程进行模拟。如果所研究的问题只与物体的运动状态有关，可以只画出物体的某一状态或某几个状态的物理图示即可表现问题的物理情境。如果所研究的问题与物理过程有关，可以用物理图示描述物理过程：一是可以画出轨迹图；二是通过两个或多个状态反映物理过程，并在图上标上反映物理过程的物理量。通过创设情境，把抽象、复杂的物理过程更形象地展现给学生，必然会给学生一种豁然开朗的感觉，而且学生的形象思维与直观建模能力也可以进一步得到培养。

五、利用多媒体技术创设物理情境

多媒体具有直观性、形象性、具体性和生活性等特点，可以把运动和变化展现在学生面前，提供丰富而动感的图像、图形，展现出一个精彩纷呈的物理世界。运用多媒体创设课堂情境，使抽象的物理概念、规律具体化、形象化，尤其是计算机能进行动态的演示，把一些无法看清的现象模拟出来，从而让学生获取足够的感性材料，因而具有常规教学手段所无法替代的优势，弥补了传统教学方式在直观感、立体感和动态感等方面的不足。利用多媒体的这个特点可处理其他教学手段难以处理的问题，并能引起学生的兴趣，加深他们的直观印象，为教师化解教学难点、突破教学重点、提高课堂效率和教学效果提供了一种现代化的教学手段。

例如，在教学《平面镜成像》时，在屏幕上呈现出光线的传播路径，特别是反向延长所成的虚像，可以帮助学生理解虚像的形成原因。通过教师的启发式讲述，学生的观察、议论，最后由教师归纳总结，得出虚像是在人的大脑中的结论。

物理课堂教学过程中，以教学内容为基本出发点，合理创设物理情境，有利于激发学生的学习兴趣，引导学生观察物理现象，深入分析物理问题，更好地突出重点、突破难点，并使学生逐步形成正确的物理思维方法和物理建模能力，因而是全面提高课堂教学效果的一种有效教学手段。教学是一门科学，也是一门艺术，在物理课堂教学中，如何设置合适的教学情境，提高教学有效性，还需要我们在教学实践中进一步探索。

💬 参考文献

［1］神涛涛.初中物理课堂情境教学的创设与实践［J］.中国培训，2015（7X）：253.

［2］夏娟娟.研究问题设计角度提升问题思维品质——以物理教学设计片段为例［J］.教育科学论坛，2014（12）：63-64.

［3］欧阳修俊，蒋士会.教学思维之概念辨析［J］.教育导刊，2014（6）：3-6.

小组自主合作形态下初中物理教学中的
"引·究·测"教学环节

作为一名长期任教初中物理的一线教师，我一直致力于研究用小组自主合作学习的方式展开物理课堂教学。小组自主合作学习有很多变化，但万变不离其宗，"引·究·测"的三个教育环节必不可少。下面就具体谈一下这种教学模式的实施。

一、形式的多样化引入

所谓"引"，即"引入"，俗称"导入"。良好的开端是成功的一半，如果说一节课是响鼓，那么导语则是重槌的第一槌，一定要浑厚激越，声声击到学生的心扉上，把学生的注意力迅速集中起来，使其很快投入新的学习情境中。就初中物理来说，我认为导入主要有以下几种方式。

1. 直接导入法

直接导入法是最基本最常见的一种导入方式。上课一开始，教师就直接揭示课题，将有关教学目标直接呈现给学生，用三言两语直接阐明对学生的要求，简洁明快地讲述或设问，引起学生的有意注意，使学生心中有数，把学生分散的注意力引导到课堂教学中来，如"这节课我们将学习声音的产生和传播""这节课我们将学习光的反射与平面镜"，等等。一般这种导入都是从课题开始的。

2. 设置悬念法

古代说书人的"且听下回分解"其奥妙就在于讲到最扣人心弦的时候，有意避而不讲，激发听众非听完不可的欲望。说穿了，就是设置悬念，紧紧吸引听众的注意力。将这种技巧运用于新课的导入之中，以悬念作为激发学生好奇心的触发点，也会使学生产生一种强烈欲望。例如，在学习"声音的产生"一课时，上课伊始，我组织学生一边说话一边用手摸自己的喉头，学生很不理解，这其实就是设置悬念。

3. 趣味故事法

由于物理学科强调理性，学生有时学起来比较难，有时教师也感觉难教，为此我在导入时引入了一些小故事，以起到吸引学生注意力、调动学习兴趣的作用。如在教学"光的反射"一节时，我就引入了爱迪生为母亲做手术的小故事。当然类似的小故事还有很多，学生对这些小故事也很感兴趣。可以说这些小故事对教学有一定的促进作用。

4. 生活事例法

用学生生活中熟悉的事例来引入新课，能使学生产生一种亲切感，起到触类旁通的作用；也可介绍新颖的事例，为学生创设引人入胜、新奇不解的学习情境。这种引入方法如果再结合教师谦虚幽默的情感表达效果会更好。如学习《摩擦力》一节时，我就引入了这样的生活场景：北方农民收割麦子时，先在磨刀石上磨镰刀，而且每过一段时间都要磨一次，这是为什么？为什么煮熟的鸡蛋放到冷水里更容易剥壳？等等。

以上围绕"引"谈了四种常用的导入方法，当然我们可以针对不同的课型，在众多的引入方法中选择适合课题内容的方法。

二、内容的深刻化探究

《基础教育课程改革纲要》中指出，改变课程实施过于强调接受学习、死记硬背、机械训练的现状，倡导学生主动参与、乐于探究、勤于动手，培养学生搜集和处理信息的能力、获取新知识的能力、分析和解决问题的能力以及交流与合作的能力。上述要求其实就是要提高学生的探究能力，倡导探究性学习。

例如，探究浮力大小与哪些因素有关。

设置情境：将乒乓球放入水中后，乒乓球从水中浮起来，将比乒乓球小的铁球放入水中，铁球沉入水底。

提出问题：物体在水中受到的浮力与哪些因素有关？

又如，探究重力与质量的关系。

设置情境：拿出一厚一薄两本书，一个大钩码（或砝码）和一个小钩码（或砝码）。

师：日常生活经验告诉我们，重力是有大有小的。根据你的生活经验，比较这两本书，哪本书的重力大呢？比较这两个钩码（或砝码），哪个更重呢？为什么？

师：大家可以用手掂掂各自桌上不同质量的物体，如厚度不同的书、铅笔盒、书包等，想一想，物体受到的重力与质量的大小是不是真的有关系呢？如果有，那么它们的定量关系是什么？

通过上述师生实践操作之后，学生的思维不再局限于某个方面，而是进行了拓展。而且，在这个过程中他们积极动手，积极思考，加深了对物理知识的理解与掌握。

对于物理学科来说，探究是方方面面的，而且也是科学研究的核心内容，这就要求教师充分挖掘教材潜力，整合教育资源，发挥群体优势。

三、课堂的巩固化测试

所谓"测"就是检查、反馈的意思。一节课教师讲下来，学生掌握的程度究竟怎么样，这个时候就需要验证。由于学生存在知识水平的差异，我平时在教学中把验证分为两块：一是基础知识的检验，这部分主要针对学习成绩中下游的学生；二是提升部分的检查，主要是面向一些学习成绩比较好的学生。为了课堂操作方便，我一般会提前编写验证部分的内容，以纸质的形式发给学生，让学生当堂完成。例如，在学习完《运动的描述》的内容时，设计了如下小测卷：

1. 图1是反映新龟兔百米赛跑的$s-t$图像，请根据图像判断下列说法中错误的是（   ）。

A. 比赛结果是乌龟获胜

B. 比赛开始时，乌龟先出发

C. 比赛途中，兔子和乌龟共计相遇三次

D. 整个比赛过程中兔子的平均速度较大

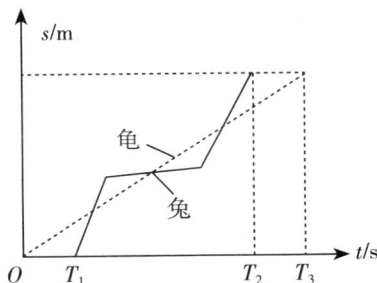

图1 龟兔赛跑$s-t$图像

2. 如图2所示，两个小球1和2总是沿顺时针方向在同一圆周轨道（虚线所示）上运动，除碰撞外，它们的速度保持不变。某时刻，两球刚好运动到图示位置，a、b是直径的两端，此时球1的速度是球2的两倍。此后，这两个小球（设碰撞时间极短，碰撞后速度互换）（　　　）。

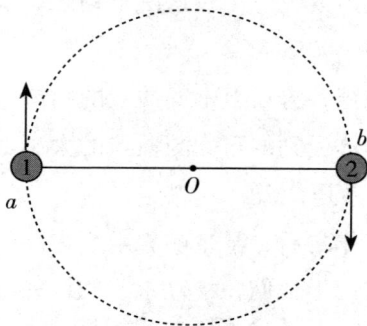

图2　小球运动轨迹

A. 总是在a点相碰

B. 总是在b点相碰

C. 时而在a点相碰，时而在b点相碰

D. 可以在圆周轨道上的任意位置相碰

3. 如图3所示，甲、乙两个图像分别描述了做直线运动的两个物体A、B的运动情况，根据图像得出的信息错误的是（　　　）。

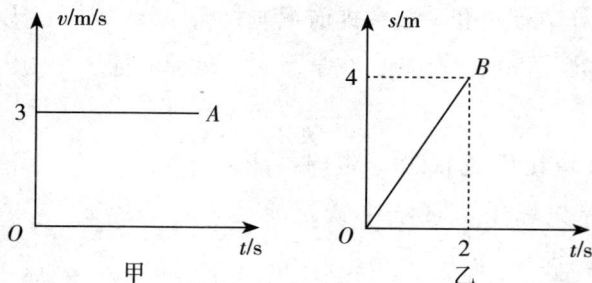

图3　甲、乙物体s–t图像

A. B物体做匀速直线运动

B. A物体做变速运动

C. $v_A > v_B$

D. B物体运动1.5s通过的距离是3m

4. 在2010年广州亚运会圣火传递活动中，某记者同时拍下了固定在地面上随风飘动的旗帜和附近的甲、乙两火炬照片，如图4所示。根据它们的飘动方向，可以判断甲火炬_____（填"一定"或"不一定"）向右运动，乙火炬一定向_____（填"左"或"右"）运动。

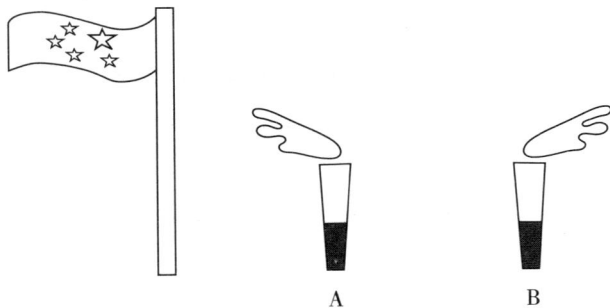

图4　火炬风向

以上几个方面是我对小组合作这种教学模式的解读。常言道："教无定法，贵在得法。"具体操作一定要结合学情及教学内容，采取灵活的教法。总之，我们的课堂要落实以学生为核心的理念，通过各种方式调动学生的学习兴趣，引导学生去探究思考，培养其创新能力。

参考文献

［1］舒小荣.开拓物理作业的创新之路——对初中物理教学的分析［J］.学周刊，2013（2）：72.

［2］刘明华.浅谈初中物理教学中的作业优化设计［J］.井冈山大学学报，2003，24（21）：284-285.

［3］陈翼飞.分层作业在初中物理教学中的探索与思考［J］.科学大众（科学教育），2011（12）：5.

［4］龙方祝.初中物理教学中的作业设计［J］.成功（教育），2010（6）：105.

大胆改进实验　培养学生思维

　　探究凸透镜成像的规律是八年级物理中的重要实验之一，该实验的成像情况复杂、结论内容繁多且容易混淆，按照现行人教版物理教材中的实验方案，学生探究起来难度较大。

　　从实验器材上看，教材实验存在一些不足。首先，教材选用的光源是蜡烛，其燃烧变短会导致烛焰、透镜、光屏的中心不在同一高度上，实验时需要不断调节实验器材，大大降低了实验效率；其次，物理实验室条件有限，通风情况堪忧，几十支蜡烛同时燃烧会消耗氧气并产生大量难闻的气体，降低学生学习效率且危害其身体健康；最后，本实验的重点在于探究凸透镜成像的规律，并非刻度尺的读数，但通过常规教学来看，在做实验时，学生将更多的时间耗费在了距离的测量上，未免显得有些本末倒置。

　　从实验方案上看，教材提到"由于凸透镜对光的偏折程度跟透镜的焦距 f 有关系，研究物距 u 的变化时，焦距可能是个应该注意的参照距离"。在引入环节，教师可以设计简单的小实验，让学生通过放大镜去观察书本上的文字和窗外的景物，学生很容易得出结论：凸透镜的成像情况与物距 u 有关。但是在学习了光的折射和凸透镜的基本知识之后，学生对凸透镜的成像规律是没有认识的，学生是不知道物距和焦距之间的关系会影响成像性质的。如果按照课本的实验方案，让学生先把蜡烛放在离凸透镜较远的地方，然后逐渐向凸透镜移动，在移动过程中选取若干位置，并调整光屏的位置，观察成像情况，记录成像性质和物距、焦距、像和物的位置关系等，最后换用不同焦距的凸透镜重复实验，然后在大量实验的基础上进行分析，寻找统一的凸透镜成像规律，这样会花费很多的时间，加上学生动手操作能力有限，很可能一节课都不能完成整个探究过程。尽管物理课堂的精髓在于学生自主探究，但是在教学进度的要求之下，本实验的探究方案亟待改进。

笔者在认真分析教材和学情的基础上，重点把握新课程标准在关于物理课程性质的描述中所提到的"注意让学生经历实验探究过程，学习科学知识和科学探究方法，提高分析问题与解决问题的能力"，将实验方案和实验器材加以改进，进行了本节课的教学研究。

本节课的教学目标有：①通过对日常现象的观察，知道凸透镜成像的大小、倒正与物距和焦距的关系有关；②通过探究活动，体验科学探究的全过程与方法，知道凸透镜成像规律和成实像时像的大小变化规律（物近像远像变大，物远像近像变小），学习从物理现象中归纳科学规律的方法。

一、联系生活，激发兴趣

以往与学生交往的经验告诉笔者，如果笔者向学生提到一个物理学专有名词，他们往往会用沉默来回应，但是只要随口提到生活中常见的物品，他们的激情便瞬间被点燃，思路也迅速打开。物理本就是一门来源于日常生活的自然科学，只有贴近学生的生活，符合他们的认知特点，课堂教学才有"效"。所以在课前热身环节，笔者就将学生的注意力引向了生活。

教学片段1

1. 游戏热身激趣：帮像找妈妈

师：同学们，大家看，现在屏幕上有一个身材像"F"的光源通过放大镜、投影仪和照相机分别成了3个不同的像，可是老师一不小心将这些像的顺序打乱了，你们能不能帮忙将这些像送回它们自己的小房子里呢？

学生开始对着屏幕比画，尝试着将所成的像与对应的物品用线连接起来。

师："F"光源三次都是通过凸透镜成像的，成的像却各有不同，真的好奇怪。大家想不想一起来研究一下凸透镜成像的规律？

生：想！

2. 实验热身生疑：同镜异像

师：同学们看到桌面上的凸透镜了吗？大家分别通过它来观察课本上的文字和窗外的景色，看看你有什么发现！

学生纷纷开始动手实验。

生1：我发现看书本上的字是正的、放大的，看窗外的人是倒过来的。

生2：我也是，我也是。而且人变得很小。

师：同一个凸透镜，是什么导致它的成像有大有小，有虚有实呢？

生3：书上的字比较近，窗外的人比较远！

……

简单的实验器材结合生活中的现象，学生的学习兴趣很快被点燃，思路自然被引向课堂。不自觉地，学生已经在笔者的引导下开始了这节课的科学探究之旅。

二、科学探究，验证猜想

在物理教学中，我们的首要任务就是提高学生的科学素养，纸上谈兵的物理课，味同嚼蜡。要想和学生一起吃一顿有"物理味"的丰盛大餐，就必须把实验请上桌来。

教学片段2

师：既然我们通过课前的观察发现凸透镜的成像有大有小，那么放大和缩小之间，肯定存在一个分界点。你们同不同意这个推理？

生：按理说应该是。

师：那我们来假设一下，如果这个点存在，光源位在这个点的成像情况应该是放大还是缩小？

生（思考片刻后）：不放大也不缩小。

师：能不能说得更通俗些？

生：跟光源一样大！

师：英雄所见略同，我也是这样认为的。不过再完美的推理也要通过实验验证才行，接下来请我们的同学在光具座上找一找这个点在哪里。

学生动手开始实验。

……

比起课本上的传统实验方案，笔者将实验器材和方案进行了一些适当的改进。在器材方面，光源改用"F"形LED强光源，与蜡烛相比其亮度高、形状特殊，成像特点更容易观察，且不会产生异味，更不会发生火灾等意外情况。另外，为了节约时间成本，笔者将光具座的刻度尺与数轴模型相结合，用白纸蒙住刻度线，将凸透镜固定在原点处，并将焦点与二倍焦距对应的点以坐标的形式标出，突出实验重点，便于学生探究。在实验方案方面，笔者避免了让学生盲目探究，而是通过前置的实验，将学生的目光引导到了光具座上的两个分界点上——虚实分界点 F 和大小分界点 $2F$ 处。这样的引导分析能够锻炼学生的逻辑思维能力，也更符合学生的认知规律。在探究分界点的成像情况后，再进一步探究三个区间内的成像情况，使学生的思考更明朗，更易于从实验现象中总结出实验规律。

三、巧用模型，助力实验

由于学生接触物理的时间不长，动手操作能力不足，当让他们去观察一个动态的实验现象时，他们往往会遇到些麻烦，难以清楚描述实验现象。

教学片段3

师：同学们，你们探究得怎么样？光源移动时，它的成像情况是怎样变化的？

学生低头不语。

师：的确，要观察一个变化的过程的确比较困难，不过老师早有准备。在以前的学习中我们知道，要描述光的径迹和方向，我们引入了一个什么理想模型？

生：光线。

师：好，那我们现在就来模拟一下光源通过透镜的成像情况。

教师通过Flash动画演示光源在不同位置的成像情况，并移动光源带领学生观察成像的变化情况，学生总结规律。

……

心理学研究表明，人所接收到的信息绝大部分来源于视觉和听觉，而正常人的视觉给人的信息量和听觉给人的信息量之比应该是6.5∶3.5。在教学中遇到学生很难观察清楚的现象或是很难用语言解释清楚的原理，巧借多媒体技术，将相关内容形象地呈现给学生是一个不可多得的好办法。

四、回归生活，余味不绝

物理如同一种高境界的魔幻艺术，从生活中来，还要走向生活。凸透镜成像是很神奇，但是又有什么用呢？大部分学生心中这样呢喃着。一顿丰盛的物理大餐，有了前菜、主菜，还需佐以餐后甜点。

教学片段4

师：通过今天的探究，同学们已经探究出了凸透镜成像的规律，我们可不要小看自己的发现，如果没有它，我们还没办法看电影哩！

学生惊叹而又带些疑惑。

师：不信你们看，老师昨晚就在家用一块凸透镜和一个鞋盒制作了一个简易投影仪。（向学生展示实物）

生：虚有其表。要能看才行！

师：不信，你们看。

教师在暗室中使用手机播放《倒霉熊》动画片，并用简易投影仪投屏到教室屏幕上，学生纷纷惊叹。

师：所以我经常说，物理是一门推动社会发展的伟大学科，大家不能单单把目光集中在课本上，课后也要多观察、多思考、多动手。

……

物理学一直是人类科学文化的重要组成部分，它一直引领着人类探索大自然的奥秘，是技术进步的重要基础。正是物理学的发展，推动了材料、能源、换进和信息等科学技术的进步，改变了我们生产和生活的方式。作为物理教育者，我们面对的孩子不仅仅是我们的学生，也是未来世界的改造者，所以去触动他们吧！

五、教学反思

要处理好"物理味"与教学进度之间可能存在的矛盾，重视学生的感受与体验。物理课堂的基础就是实验，其精髓也在于实验，尽管一周只有四节物理课，还要落实作业与测试，时间非常紧张，但是我们不能让做实验沦为黑板上谈兵。只有教师在教材实验的基础上进行剖析，小小的改进与设计才可能大大提升学生实验的效果，真正发展学生的动手实验能力，让学生体会到成功的喜悦。可谓是"教师的一小步，学生的一大步"。

就笔者对物理课堂的理解来说，初中物理课堂的目标应定位为促进学生物理观念的形成、发展学生的科学思维、提高学生的实验探究能力、建立学生的科学态度与责任感，而知识只是培养学生这些终身发展必备品格和关键能力的载体，一味强调知识的灌输未免本末倒置。教师在教学中可以通过多样化的教学方式，通过对教材内容的分析，合理设计问题，使之更符合学生的认知规律，刺激学生思维的生长和能力的提升，还可以引导学生对实验装置进行评价，培养学生的批判性思维品质。

参考文献

［1］林钦，陈峰，宋静.关于核心素养导向的中学物理教学的思考［J］.课程·教材·教法，2015，35（12）：90-95.

［2］彭前程.积极探索基于核心素养理念下的物理教学［J］.中学物理，2016，34（2）：1-2.

［3］陈达成.探究凸透镜成像规律实验装置及探究方法的改进［J］.广西物理，2016（2）：39-41.

现代教育技术的应用案例

——《质量》课堂教学叙事研究

　　互联网时代已然到来，把握时代脉搏，利用技术力量实现教育突破，需要我们大胆实践。在平板电脑研究初期，为了尽可能多地运用平板电脑，我们绞尽脑汁在课上尽量多地使用平板电脑。结果发现，一节课下来，教师手拿平板不停地操作，切换、推送、投屏、统计，有时为了使用平板电脑的某项功能，教师必须停下其他教学活动，专心点击。这样的课堂让人感觉少了学科特点，少了流畅与贯通。后来，我们意识到：平板电脑在课堂中的运用并不是越多越好，它只是一种新媒体、新手段，它的使用应该服务于课堂，不是取而代之，而是画龙点睛。于是，我们开始思考如何提高平板电脑在课堂中使用的有效性，究竟哪些环节适合使用，为什么要用，怎样使用。我们认为，能用其他方式达成教学目标的坚决不用平板电脑，能体现数字化、网络化优势的环节要充分使用平板电脑，要将平板电脑操作有机融合在课堂流程当中。下面以概念教学课《质量》为例，进行合理使用平板电脑助力课堂教学的研究。

　　本节课的教学目标为：①初步认识质量的概念，知道质量的单位；②了解天平的构造，掌握天平的使用方法。结合课程标准的要求和对实际学情的分析，质量的概念和天平的使用方法是本节课的重难点，但课堂时间有限、演示用实验器材太小、学生人数太多等问题阻碍着教师、学生对重难点的突破，而平板电脑的投屏技术的使用恰好解决了这些问题。

一、投屏自学成果，助力组间交流

　　我们采用小组自主合作学习的课堂教学模式，在上课前学生已经结合导学案和课本进行了自学，并在小组内交流讨论，形成了小组的共同学习成果。在课堂上，教师要组织学生进行小组间的交流。

教学片段1

师：同学们，在课前大家已经在小组内自学了导学案的第一部分，下面我们来看看大家的学习成果。哪一组愿意第一个分享呢？

小组代表举手，教师走到该生的旁边用平板电脑将小组发言人的学习成果直接投屏到教室前方的屏幕上。

师：大家看一看，哪个小组有不同的意见？

小组代表举手，教师再次投屏另一组的学习成果。

……

按照传统的教学方法，组间进行交流时需要小组发言人使用实物投影仪进行展示，调试设备往往会耽误很多展示时间，而教师使用平板电脑进行投屏，随走随拍，切换自如，大大提升了学生组间的交流效率。

二、投屏教师实验，演示如在眼前

由于受到观察距离和观察角度的限制，学生在课堂上对演示实验中的操作步骤以及读数的效果往往不满意。在天平的使用这个实验中，这一劣势暴露得更明显——平衡螺母的调节、平衡状态的判断、砝码和游码的读数，这些需要近距离观察的操作过程学生都很难看清。而将平板电脑投屏技术运用到演示实验环节，则弥补了这一缺憾。

教学片段2

教师将平板电脑固定在三脚架上，对演示实验进行直播投影，即便最后一排的学生也可以在大屏幕上清楚地看到教师的操作过程，甚至砝码的规格和游码的读数。

对于某些观察效果不理想的演示实验，可以尝试用平板电脑甚至智能手机对实验过程进行屏幕推送直播。平板电脑具有的高清摄像和位置角度可以灵活移动的特点，使得推送的画面比实物投影仪更清晰，操作也更方便。

三、投屏操作错误，为交流合作增色

托盘天平的使用这一实验往往是教师先给学生示范称量的操作方法，然后再让学生进行分组实验，但学生在操作时还是会出现各种各样的问题。

教学片段3

教师利用课堂巡视和指导学生实验的机会，将发现的操作问题和异常情况利用平板电脑进行抓拍和录像。

师：同学们，刚才大家都在认真操作，称量小石块的质量。老师在巡视的过程中，拍到了这样一些影像资料，我们一起来看看。

师（展示拍摄的图片）：大家看，这样操作有没有问题？

生：不能用手直接接触砝码。

师：这张呢？

生：称量过程中不准动平衡螺母。

师：那这位同学操作得对不对呢？

生：他放反了，要左物右码。

……

学生之所以出现各类操作上的错误，原因之一在于教师示范操作时，没有有意识地去暴露操作中可能出现的问题，造成学生对问题的出现缺乏预判和准备不足。当用平板电脑将抓拍结果进行投屏时，这些案例是发生在学生中的，往往比网络图片更加真实生动，更能引起学生的共鸣，从而为实验的交流与合作增色。

四、投屏优秀作业，助力实时反馈

课堂上，我们经常让学生把解决问题的思路或答案进行展示。通常情况下，我们会采用实物投影仪或者让学生在黑板上展示做好的答案，这样无疑要占用更多的课堂教学时间。如果出题后直接让学生回答，又会带来新的问题——不同的思考环境会让学生承受更大的心理压力，因此表达失误多，反馈的客观性也不好。而平板电脑投屏技术则解决了这一问题。

教学片段4

教师在巡视、指导学生的过程中，直接将学生解题中的精彩答案、书写的典型错误或存在的共性问题抓拍下来，投影到屏幕上。小测环节结束后，讲解、总结共性问题。

这样的反馈方式既不会影响学生的书写和训练，又能提高反馈的时效性，提高课堂效率。

五、课后反思

随着移动互联网技术的迅猛发展和网络接入环境的不断改善，智能手机、平板电脑等移动智能终端以其功能强大、体积小巧和便于携带的优点，使随时随进行信息互通变为现实。作为教育工作者，我们不能故步自封，而要不断提升个人的信息素养，将先进的多媒体技术与课堂教学有机结合起来，解决教学中的某些无法解决的现实问题，由此带来教师课堂自由度的改善，缓解多媒体技术缺乏而带来的"课堂低效"问题和多媒体技术滥用而带来的"互动性缺乏"问题。

参考文献

［1］韩先满.3G实景课堂——现代职业教育新技术［J］.中国教育信息化，2012（3）：83–84.

［2］渭秀珍.新技术、新理念、新课堂——浅谈现代教育技术理论在中学语文课堂教学中的实践［J］.成功（教育），2013（8）：254–255.

［3］吴晓娟，郑仕宏.翻转课堂在"现代食品加工新技术"实验教学中的应用［J］.农产品加工（下），2016（7）：73–75.

［4］刘广福.介入新技术　构想新模式——将现代教育技术引入社会课课堂教学［J］.中国教育信息化，2002（6）：38–39.

三管齐下，促进学生物理思维能力发展

——《质量》习题课课堂观察研究

习题课是巩固物理概念、掌握基本规律的重要环节，是物理概念、规律的补充和延伸，是理论知识与实际问题联系的桥梁，在培养学生思维品质、提高学生解决问题能力、教师了解教学效果等方面有着不可替代的作用。长期以来，习题课存在的问题主要有两个方面：一是初中学生对物理概念、规律有所理解，但大多数都停留在表面，缺乏直接运用知识去分析解决问题的能力，因而对习题的练习持应付态度，抄作业、作弊等现象严重。学生只重视解题结果，不重视解题过程，根本达不到巩固知识的目的，更别说解决问题能力的提高了。二是习题课的教学方法多为注入式，教师就题讲题，方法指导少，发散分析少，担心拓展太多课堂任务完不成。通过观察本节研讨课，笔者意在探究问题导向的实验设计和变式训练在初中物理习题课中的有效运用。

一、发现问题，各个击破

习题的选择是上好习题课的必要条件。众所周知，习题课的讲授不同于新课，在课堂教学中它主要以练习习题为主，以训练为主要教学手段，以便让学生高效地巩固所学知识点。为此，教师在选择习题方面要针对教学目标、所学章节的重要知识点、班级学生的学习现状来选择教学材料。

教学片段1

在刚开始上课时，授课教师花了一些时间与学生进行了短暂的交流，给学生分析了考试情况，了解学生错误率较高的题型。之后便结合自己课前的分析，抓准学生的问题所在，对症下药。

师：我在课前翻看了大家的试卷，刚才也和大家简单地交流了一下，发现第五小题的错误率非常高。大家看这一题。

学生翻开试卷找到相应的题目。

师：我对大家的错误答案事先进行了分析，觉得大家有两个词没有明晰它们之间的概念差别。第一个词是"有关"，第二个词是"成正比"。

学生纷纷点头。

师：什么叫"有关"呢？我给大家举个例子，我现在给大家上课，我让你们动，你们就要动，我们之间有关吗？

生：有关。

师：那我等一下去九（5）班上课，我们是不是还有关呢？

生：那就没有关了。

师：是啊，"有关"就是这个意思。一个量变，另一个量一定跟着变，这就叫"有关"，这就是"有关"的含义。

生：哦，原来是这样啊，好懂多了！

师：那我们再看另一个概念"成正比"。谁来说说什么叫成正比，你们数学课学过的。

生1：老师，成正比就是一个量变大，另一个量也跟着变大。

师：是这样吗？

有的学生点头，有的沉思。

师：当x等于1的时候，y等于2，当x变成4的时候，y变成6。x变大了，y也跟着变大，它们成正比吗？

生：不是的，y应该变成8。

师：哦，对的。所以说y与x的比值还要是定值，才能说它们成正比。

生：嗯。

师：那弄懂了这两个词，大家再看看这个题，应该选择哪个答案呢？

学生再次看题，轻易选出了正确答案。

物理学习中，学生往往存在思维定式的负效应，也就是对物理知识的迁移起干扰、抑制作用。在解决新问题时，盲目照搬旧经验，不注意新旧问题之间的差异。在建立概念与规律时，学生因未真正掌握其内涵和外延，便会产生"定式错觉"，极易迁移到应用中去。学生掌握物理概念和规律时的稳定性和清晰性差，就会将一些本质不同，但表面上相近、相似或相关的概念或规律相混淆。所以在物理习题课的教学中，直指学生问题，将其各个突破是相当必要的。

二、巧设实验，深化理解

实验是物理学创立和发展的基石，也是物理教学最基本的起点。实验可为学生提供丰富、具体、形象的感性材料，是形成物理概念、总结物理规律的重要基础。而在现在的习题课上，许多教师热衷于在黑板上画实验、在题目中讲实验、用动画模拟实验，失去了许多实验的育人功能，不但学生的观察、动手、分析、概括等能力得不到培养，而且学生的协作互助精神和遵纪爱物的主人翁意识，以及学生克难探索的良好行为习惯和个性心理品质也无法得到培养。因此，授课教师利用身边易得的实验器材巧设实验，找回了物理教学的"原味"，这是激励学生学好物理的最根本途径。

教学片段2

师：接下来大家看第11题。瓶子里的气体用掉了一半，它的密度会变吗？

生2：物质的种类没有发生变化，密度不会变。

师：他所说的正确与否，我们还要从密度的定义来研究。密度的定义是什么？

生：单位体积内所含物质的多少。

师：通俗地说，密度就等于质量与体积的比值。气体被用掉了一半，质量变化了没？

生：变成了原来的一半。

师：那体积变化了没？

学生不确定自己的答案。

师：我们来做个实验看看。这是一个空矿泉水瓶，我现在把里面装满白色的气体。大家看，现在这些白色气体的体积是多大？

生：就是瓶子的容积。

师：回答得很好！那我现在用掉一些气体（将部分气体摇晃出瓶外）。现在看，瓶子里白色气体的体积变化了没有？

生：没有，它还是充满了整个瓶子。

师：那你们说，气体被消耗一半，密度变了没有？

生：变了。

师：变成了原来的多少？

生：变成了原来的一半。哦，这一题原来是这样！

理论联系实际，把物理知识应用到生产、生活和科学技术中，为提高生产力和生活质量服务，促进科技进步和社会发展，这是物理学发展的生命之所在，也是物理学习的动力之所在。反思我们的物理课，总是让学生去解一些脱离实际背景的物理题，特别是愈演愈烈的重复训练更是压得学生喘不过气来，学生怎么可能感到物理有用，物理有趣呢？所以在习题课的教学中，教师要注意用生活中常见的事物，以实验这种有趣的方式去启发学生，让他们将所学的理论知识与生活实际联系起来，深入理解概念和规律的内涵和外延。

三、变式训练，发展思维

著名教育家波利亚曾经形象地指出："好问题同某种蘑菇有些相像，它们都成堆地生长，找到一个以后，你应当在附近找一找，很可能周围就有好几个。"物理习题教学中由一个基本问题出发，运用类比、联想、特殊化和一般化的思维方法，探索问题的发展变化，更能使学生发现问题的本质。

教学片段3

在将学生试卷上的疑难问题各个击破后，授课教师给学生分发了事先根据试卷分析结果而命制的小测试卷，让学生解答。授课教师在学生解答的过程中不断在教室中巡视，观察学生的做题情况，并予以个别指导。学生完成试卷后再交流答案，进行答疑。

这样的小测试把学生自主学习和主体智力参与，以及多向性、多层次的交互作用引入教学过程，使教学结构发生了质的变化，让学生成了知识的主人。开展变式练习有利于检测习题课的效果，更有助于培养学生对实际问题的动态处理能力，使学生克服思维和心理定式，实现创新目标。

在物理教学中，一堂好的习题课既能巩固已学知识，又能启发学生深入思考，使学生开阔思路。在物理教学活动中，习题课教学对于巩固课本内容很重要：一方面它延伸和提高了课堂教学；另一方面又为学习新知识打下了基础，起到承上启下的作用。授课教师在这节研讨课的执教过程中，充分向我们展示了"发现问题,各个击破""巧设实验,深化理解""变式训练,发展思维"三管齐下对促进学生思维发展的重要作用和明显效果。

参考文献

[1] 高维川.让学生的思维飞一会儿——初中物理教学中学生创新能力的培养[J].学周刊,2018,376(9):106-107.

[2] 马桃花.运用思维导图提升初中物理解题能力[J].考试周刊,2018(85):169.

[3] 赵晓丽.初中物理怎样激发学生创新思维能力[J].青少年日记(教育教学研究),2018(9).

[4] 张彩萍.基于"问题设计"开展初中物理小组合作学习的实践[J].中华少年,2018(26):33.

革新实验教学　培育创新素养

物理的实验教学使物理课堂教学生机盎然，我们的课堂教学要从学生的实际出发，以学生为主体，教师为主导，依照"一切为了学生，高度重视学生，全面依靠学生"的原则，把物理实验教学活动贯穿整个课堂教学，并遵从先猜想后设计，先感受后认知，先理解后运用的规律去进行实验。下面笔者就结合教育教学实践，浅谈如何在物理实验中培育学生的创新素养。

一、改进课堂教学模式和结构

传统的课堂教学模式一般分为复习旧课、引入新课、新课讲授、巩固练习、复习测试等教学环节，这样的教学环节有助于学生牢固掌握基础，但培养学生的科学思维和科学探究能力则显得不足。为此，在教学中可以在教师介绍章节重难点和知识框架的前提下，增加阅读、讨论、提问、归纳、参观、展示等环节。阅读教材方面，要求学生通过阅读，找出物理的概念和规律，结合重难点，提出并思考未能理解的知识点。在此基础上，延伸到课外阅读，提升学生综合素养。在提问和讨论方面，爱因斯坦曾说过："提出问题比解决问题更为难能可贵。"这句话中包含了如何学习。与常规提问和讨论不同，我们不在当堂课上提问和讨论，而是采用隔堂提问讨论的方式，这样在深入思考和练习的基础上提问、讨论，更加符合学习的认知规律。归纳和展示是提问和讨论的另外一种表现形式，我们可以让一个小组的学生回答其他小组学生的提问，回答不准确的，教师和其他小组的学生都可以补充、归纳、完善。这样既可以调动学生主动学习的热情，也可以更好地让学生巩固、内化所学的知识。在一问一答中，学生的科学探究精神和创新素养得到极大的提高。

二、创新物理实验，培养物理核心素养

初中生正处于从经验型抽象逻辑思维向理论型抽象逻辑思维的转变过程，经验型抽象逻辑思维很大程度上仍然直接与感性经验联系，需要有直接的形象支持。物理实验从感性到理性、从具体到抽象，正好适应初中生身心发展的特点。不管从物理学科的自身特点考虑，还是从初中生的心理特征来考虑，实验教学在物理教学中都占据着十分重要的地位，它是物理教学中不可或缺的组成部分。所以，我们在实验教学中，要注重强化以下几个环节。

1. 改变教学方法，加强演示实验

新教材中并没有将实验明确地分为演示实验或者学生分组实验。因此，我们要尽可能为学生做分组实验。比如，"马德堡半球实验"在教材中是演示实验，实验器材要求高，操作复杂。如果改进教学方法，器材简易化，可以让学生在"做中学"。模拟"马德堡半球实验"如图1所示。

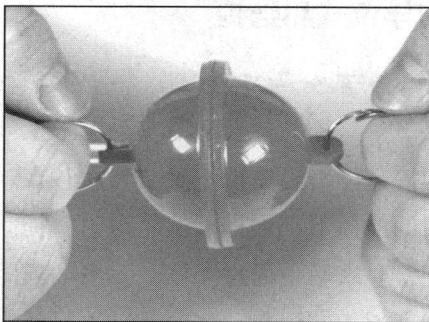

图1　模拟"马德堡半球实验"

将两个大吸盘对吸就可以模拟"马德堡半球实验"了。让两名学生同时用力拉吸盘，花很大的力气都拉不开，让学生充分体验到大气压强真的很大，培养了学生的自主实验探究素养。

分组实验的安排也注重了学生的独立性和自主性的培养，学生可以自主地提出问题、分析问题。面对问题、解决问题，拓展了学生的思维，提升了学生的创新素养。

2. 实验装置的改进和创新

实验装置的改进与创新主要是针对初中物理必做实验中装置陈旧、效果不

佳的问题，通过调整教材中的实验装置选材并充分发挥现代教育教学设备的先进教学功能以及创造性，设计制作出满足教学的实验教具来改善实验装置，进而改善实验效果不佳的状况。

我们定义的实验装置的改进和创新根据物理学的教学目的、目前学生的认知水平，以及通过调整实验装置、辅以现代教育装备和引入自制教具来改善现有的教学条件，以小组为单位，有目的地安排、设计一系列引导问题，让学生经历科学实验的模式、过程。

比如对覆水杯实验的改进和创新。在传统实验中，教师使用完好的覆水杯进行实验，通过分析，的确能够验证大气压强的存在。但在教学过程中，笔者发现，初中生对物理知识一知半解，会在课外书上看到很多超过新课程标准要求的名词，并尝试用"液体表面张力""分子间作用力"来解读覆水杯实验，但是过分从理论的角度上进行否定，既打击了学生阅读和思考的兴趣，又显得十分枯燥，而且浪费了有限的教学时间，降低了课堂效率。因此，有不少教师采取了这样的做法：将纸片剥离一个小角度，让空气进入，水瞬间流出，从反面验证了大气压强的存在。这一思路是具有突破性的，然而在实际教学中学生又提出了新问题：是不是手对纸片施加了力的作用使纸片掉落了？考虑到这一点，笔者采用了钻孔的说法，排除无关因素的影响，增强了覆水杯实验的实验效果。

三、打造师生成长学习共同体

学校班级学习共同体是由学习者（学生）和助学者（教师）共同组成的，以完成共同的学习任务为载体，以促进成员全面成长为目的，强调在学习过程中以相互作用的学习观为指导，通过人际沟通、交流和分享各种学习资源而相互影响、相互促进的基层学习集体。它与传统教学班和教学组织的主要区别在于它强调人际心理相容与沟通，在学习过程中发挥群体的作用。

所以教师要树立自己的威信，要给学生做言与行的表率，在学习上帮助学生，在生活上多关心学生，要以扎实的业务素质、幽默的语言，做到严宽有度。亲其师，方能信其道，学生只有感到老师可亲可敬，才能在心理上认可老师，在行为上服从老师。这样，实验教学的改革和创新才能持续下去，学生的创新素养才能得到培养。

四、运用多媒体技术，提升学生创新素养

互联网时代已然到来，把握时代脉搏、利用技术力量实现教育突破，需要我们大胆实践。以概念教学课《质量》为例，合理使用平板电脑投屏技术，就可以助力课堂的教学，提升学生信息、创新素养。具体来说包括以下几个方面：

（1）投屏自学成果，助力组间交流。

（2）投屏教师实验，演示如在眼前。

（3）投屏操作错误，为交流合作增色。

革新实验教学模式，培养学生创新素养永远是一个与时代同行的话题。改进和创新实验的教学模式就是以师生学习共同体为载体，把讨论作为常规化的教学策略，把感受、整体领悟和点化升华结合起来，提升课堂教学效益和生命质量。

参考文献

［1］廖珊.计算机实验室管理与实验教学创新分析［J］.无线互联科技，2017（15）：121-122.

［2］刘春青.初中物理实验教学创新策略例谈［J］.科学大众（科学教育），2017（1）：45.

［3］马晓欣，刘丽娟，梁建明，等.基于"互联网+"教育的实验教学创新探讨［J］.无线互联科技，2017（7）.

初探初中物理教学中渗透科学思维方法的素材

初中物理教学传授的是经典物理的知识内容，它构成了初中物理的教学素材。这些知识点按照板块可以分成力学、热学、电学、光学、原子学。如果从提升学生核心素养的角度来进行知识点的文本解读，就会发现这些教学素材隐藏了对学生科学思维方法的培养。本文从教学素材出发，将教学素材与培育学生科学思维的方法、路径联系起来，为物理教师对教学素材的解读提供了核心素养方向的表达。

教育部提出的致力于提升学生核心素养的指导性文件也为物理课堂提供了一个崭新的延伸方向。具体来说，初中物理核心素养包括四个方面：物理观念、实验探究、科学思维和科学态度与责任。本文以科学思维方法的培养为切入点，浅谈核心素养的培育和提升。

在初中物理教材中，科学的思维方法有四类，分别是物理方法、数学方法、逻辑方法和哲学方法。下面就从这四个方面来分析初中物理教材中的素材与四类科学思维方法培养的关联。

一、运用物理方法的教学素材剖析

在初中物理的学习过程中，运用的物理方法主要包括理想模型法、推理法和等效法。在这里，我们着重讨论理想模型法。

在教学素材中，应用理想模型法可以起到很多作用，具体来说有以下两个作用。

1. 可以使物理教学简单化和形象直观化

很多实际问题是复杂的，很难研究的，如能将其转化成物理模型可使物理教学简单化。这个思维方向的例子很多，如表示光的传播路径的光线，表示力的大小、方向、作用点的力的示意图，把有体积的物体在分析受力情况时看作一个质点，等等。

而有些物理问题、现象、过程非常抽象，运用物理模型法可将问题变得直观形象。如在研究磁场时，为了描述磁体周围的磁场强弱和磁场特点，就可以用磁感线这一模型来描述磁场，用磁感线的疏密程度表示磁场的强弱。

总之，在很多物理知识的教学过程中，教师为了让学生直观清晰地理解物理知识，往往会利用相关的物理模型来进行辅助教学。

2. 使具体问题普遍化

使具体问题普遍化是更深层次的物理建模思维。在教学中，通过对物理模型的设计思想及分析思路的教学，就能培养学生对较复杂的物理问题进行具体分析，区分主要因素和次要因素，抓住问题的本质特征，正确运用科学抽象思维的方法去处理物理问题的能力，有助于学生思维品质的提高，更有助于培养学生的创新思维。

如在连通器的教学中，可以让学生观察茶壶、锅炉水位计、乳牛自动喂水器等，引导学生分析、比较这些物体间的差异和共同点，找出它们的共性（上端开口、下部相连通），进一步抽象建立起连通器的物理模型。在研究简单机械时，可以举出多种生活中的工具或器械，如撬杠、核桃钳、镊子、启瓶器等，这样就抽象出了"杠杆"这一物理模型。

这样，学生在建模过程中就充分利用了抽象思维和比较思维，区分主要因素、次要因素和无关因素，抓住本质的东西加以概括，培育了建模的科学思维方式。

除此之外，伽利略实验中小球在光滑、平直的轨道上将一直匀速直线运动下去用到的就是推理法。电学中的等效电路、等效电阻用到的就是等效法。

二、运用数学方法的教学素材剖析

数学和物理有着密切的联系：数学学科对于物理来说绝不是数量分析和运算的工具，而是物理概念的定义工具和物理定律、原理的推导工具。另外，运用数学方法研究物理问题本身就是一种重要的抽象思维方式。在初中物理的教学素材中，常用到的数学方法有比例法、图像法和方程法。这样典型的例子还是比较多的。比如，在密度这个物理概念的学习中就用到了比例法。密度这个物理概念在原来的教材中被称为"比重"，就是一种数学方法的定义方式。在教材的探究过程中，我们会让学生测体积不同，同一种物质的质量，相比后发现比值相同。再让学生测不同物质的质量和体积，发现不同物质的质量和体积的比值一般不同。从而定义密度是物质的一种特性，让学生更加深刻地理解了密度的物理概念。

另外，在初中物理素材中，匀速直线运动定义的学习，运用s-t图像来表达这种运动方式，就是典型的图像法。用一次函数来学习弹性物体的劲度系数就是典型的方程法。

三、运用逻辑方法的教学素材剖析

逻辑方法是学习初中物理重要的思维方式。一般来说，在初中物理教学中，涉及的逻辑方法主要有辩证对立统一、量变到质变、否定之否定等。

辩证统一的逻辑思维方式在初中物理教材中比比皆是：正负电荷、磁极的南北极、分子间的引力和斥力、作用力和反作用力等都是相互联系、相互制约的物理概念，非常明确地显示出对立统一的辩证关系。如果我们在教学中能够引导学生用辩证统一的逻辑方法来看待这些物理知识，学生就可以更加深刻地挖掘和理解这些物理概念的内涵和实质。

从量变到质变的教学素材也非常多，比如晶体的熔化，在固液混合态会持续吸热较长时间，但正是持续的吸热使固体熔化为液体，完成了物体形态的变化。同样，在导体和绝缘体的知识内容中，自由电荷数量的变化导致了导体和绝缘体物理性质的转变。这些知识内容都是量变到质变的物理变化过程，将这些物理变化与逻辑方法联系起来，可以极大地提升学生的科学思维。

在逻辑方法中，否定之否定也是一种重要的思维方式。运动和静止的相对性的学习过程就是否定之否定的思维过程。说一个物体运动一定对吗？答案是否定的。说一个物体静止一定对吗？答案也是否定的。所以，运动和静止是相对的。

综上所述，在初中物理教学中，对于教学素材用逻辑方法引导学生学习，就可以让学生从物理表象主动地深入到物理知识内部，建立更为系统、严密的物理知识体系，最终提升物理学科的核心素养。

四、运用哲学方法的教学素材的剖析

哲学是研究自然、社会和人类思维发展的本质和一般规律的，而物理学是研究物质结构、物质相互作用和运动规律的自然科学，是研究一定方面的特殊本质和规律的学问。哲学和物理学是普遍和特殊、共性和个性、一般和个别、抽象和具体的关系。所以，哲学对于物理学的研究方向具有很强的导向作用。在初中物理教学中，运用最多、最典型的哲学方法就是控制变量法，这种方法几乎贯穿整个初中物理教学。这样的例子不胜枚举，如探究影响滑动摩擦力的因素、探究影响电阻的因素、探究影响压力作用效果的因素，等等。这些研究方法有一个共同点，就是把多因素的问题变成多个单因素的问题，而只改变其中的某一个因素，从而研究这个因素对事物的影响，最后再综合得出结论。

初中物理教学中涉及的科学思维方法很多，通过明确一些科学思维方法的运用有助于学生对物理知识的深入理解，这就为我们培养未来具有的创新性、具备高综合素养的人才打下了坚实的基础。

💬 参考文献

[1] 解迎革，李霞，王国栋.重视创新能力培养的大学物理教学实践与思考[J].中国林业教育，2011，29（1）：66-69.

[2] 张勇.物理学史与创新能力培养[J].株洲师范高等专科学校学报，2005（2）：79-81.

[3] 陈亮.浅谈初中物理教学中"物理学史"的渗透[J].铜陵职业技术学院学报，2018，7（2）：99-100.

[4] 王牧.浅谈物理学史在初中物理教学中的运用[J].科教文汇，2008（20）：148.

创新物理实验器材　提升学科核心素养

——《浮力》教学片段与反思

现阶段，比较广泛认同的核心素养（key competency）的概念是个体在信息化、全球化、学习型社会中，面对复杂的不确定情境时，综合运用学科知识、观念、方法解决实际问题所表现出来的关键能力、必备品格与价值观念。在这个概念之下，高中物理学科的核心素养表述为物理观念、科学思维、科学探究、科学态度与责任。在初中物理教学中，我们的教学指向应该与高中物理学科核心素养保持一致。在《浮力》这一节的教学中，有一个学习阿基米德原理的教学片段，通过实验器材的改进，达到提升学生核心素养的目的。

在学习阿基米德原理教学片段时，需要用实验探究浸入液体的物体受到的浮力与哪些因素有关。要培育学生科学探究的精神，在课堂教学中，应该设计让学生先进行猜想。在实际教学中，学生猜想的教学实录如下：

师：同学们，刚才大家通过探究学习知道了什么是浮力，也知道了如何测算浮力的大小，现在我们再次体验一下浮力的作用，看看大家有没有新的发现。请拿出空矿泉水瓶放入水槽中，按照图示要求体验，感受有什么不同。（教师投影具体做法和要求。学生拿出空矿泉水瓶，将瓶盖旋紧的矿泉水瓶浸入一半或完全浸没在水中，体验浮力并相互交流。）

设计意图：训练学生有依据的猜想及合理推理的能力。

师：浮力的大小可能与哪些因素有关？请同学们根据刚才的体验提出猜想，并说出猜想的依据。

生1：可能与瓶子浸在水里的体积有关，因为刚才将瓶子全部浸入水中比浸入一半要费力。

生2：可能与瓶子浸入水中的深度有关。因为将瓶子往下压得越深越费力。

生3：可能与排开水的体积有关。因为将瓶子往下压更费力，同时水槽的水面上升了。

生4：可能与接触水的面积有关。因为将瓶子往下压更费力，同时接触水的面积更大了。

师：同学们的猜想都很好，依据也很充分，还可能与哪些因素有关？（教师将学生回答的因素列在黑板上）

生5：还可能与液体的密度有关，比如人能够躺在死海里看书。（教师演示：将鸡蛋分别放在水里和盐水里）

具体归纳一下，浮力产生的原因与瓶子浸在水里的体积、浸入水中的深度、排开水的体积、接触水的面积、液体的密度有关。学生的猜想涉及因素很多，在验证学生猜想的过程中，从尊重学生科学思维的角度出发，每一个猜想都必须验证。如果完全按照教材中的实验方法，存在的不足有：测量的中间量过多，不够直接，实验结论被过多的实验过程掩盖；手无法保持稳定高度，只能探究物体浸没，浮力不变的情况，不具有普遍性；耗时过多，不利于根据演示实验得到结论；实验过程较为烦琐；测量的物理量比较多，一个因素要测量四个物理量；实验数据误差比较大。这样，形成的就是低效的课堂。所以，我们要对教学方法和实验器材进行改进。

在实际操作层面，实验器材的改进方法和原理如图1所示。

阿基米德原理表述为："浸在液体中的物体，受到的向上的浮力大小等于它排开的液体所受的重力。"这个实验要测量出两个量：一个是物体受到的浮力，一个是排开液体的重力。教材通过弹簧测力计四次测量，通过运算才得出浮力和排开液体的重力，再对比这两个物理量。改进后的实验更加直观，直接

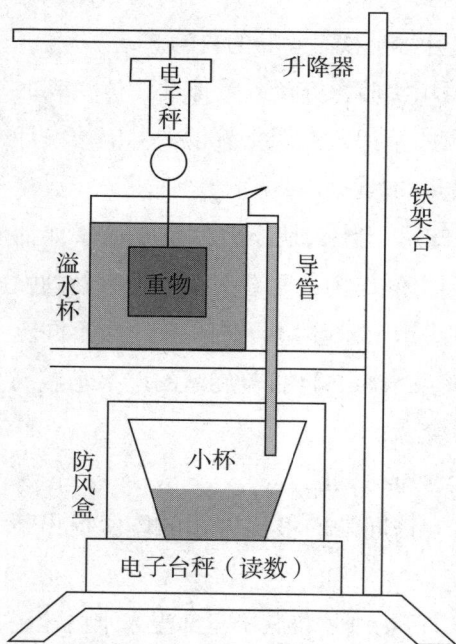

图1　阿基米德实验器材改进

用电子测力计测出物体受到的浮力，用电子秤测量出排开液体的重力，把得出的两个物理数据进行对比，得出阿基米德原理。

在改进过程中，把现成的溢水杯侧面出水口连接导管，导管向下伸出一段距离到小杯内，用胶把导管和溢水杯侧面出水孔之间的缝隙堵上。把小杯放置于电子台秤上，用防风盒罩住，接住导管排出的水。整个实验装置由下向上装配，溢水杯装满水，重物在溢水杯液面之上，组装完毕就可以开始实验了。实验前强化学生的两个认识：一是电子秤归零后，物体浸入液体后的读数就是此时该物体受到的浮力；二是电子台秤归零后，读数就是重物排开液体所受的重力。之后根据学生猜想的顺序开始实验。

（1）在溢水杯中加入水，调节升降台，使重物慢慢浸入水中，直到重物完全浸没，观察并记录电子秤和电子台秤的示数。通过这个操作，分析数据可以得出结论：物体受到的浮力与物体浸在液体中的体积有关，而重物浸入液体的体积就是重物排开液体的体积。还可以得出结论：物体受到的浮力与接触液体的面积也有关，而接触液体的面积也可以表达为重物排开液体的体积。

（2）在溢水杯中加入水，调节升降台，使物体慢慢浸入水中，浸没后继续调节升降台，观察并记录电子秤和电子台秤的示数。通过这个操作，分析数据可以得出结论：物体受到的浮力与物体浸在液体中的深度无关，与物体排开液体的体积有关。

（3）在溢水杯中加入酒精，调节升降台，使物体浸没在酒精中，记录此时电子秤和电子台秤的示数。通过这个步骤，可以比较该物体分别在水中和酒精中的浮力。比较可知，物体受到的浮力与浸入液体的密度有关。

这样，在用改进后的实验器材进行演示时，学生对此充满了新鲜感，原来实验还可以重新设计，还能这样进行；实验重新设计后竟能如此方便快捷地得到数据，并轻松得到结论。通过实验器材的改进，让学生通过实验解决新问题的同时，还让学生学会了对已有的东西有质疑批判的态度，培育了学生的创新精神，极大地提升了学生实验探究的核心素养，保护了学生学习物理的兴趣，进而发展学生科学的责任和态度的提升，使学生不断地去追求科技创新。

参考文献

［1］廉欢.初中物理创新实验设计的分析——基于全国青年教师教学大赛获奖视频的观察［D］.石家庄：河北师范大学，2018.

［2］林广波.高中物理创新实验的实践研究［D］.上海：上海师范大学，2018.

［3］邓璐.长沙市初中物理实验教学实施现状调查研究［D］.长沙：湖南师范大学，2017.

［4］李丽芳.虚拟实验在初中物理实验教学中的应用研究［D］.南昌：南昌大学，2017.

浅议初高中物理教学衔接

在高中物理教学中，存在与初中物理教学衔接上的一些难点和问题，需要我们认真分析出现问题的原因，并采取有效的措施去解决这些问题。

一、衔接较难的原因

1. 教材要求的差异

在新课程改革背景下，中考作为水平性测试，使得初中物理教材的知识面广，但是深度较浅，对学生的要求以了解居多。而且，初中物理教材的知识内容具有一定的趣味性，一般可以通过实验引出，符合学生学习的认知规律和过程。高中物理的教学要求学生对大多数知识点进行充分理解并学会运用。而且高考是选拔性的考试，所以高中物理教材难度大，定量计算的内容多，对数学知识的运用多，比较注重从理论方面进行分析研究，相比初中教材更为抽象。

2. 教材内容难度跳跃性大

初中物理学习的主要内容包括匀速直线运动、重力支持力、二力平衡、摩擦力、浮力、惯性、杠杆、滑轮、压力、压强、功率、光线、反射、折射、凸透镜成像、回声、响度、音调、音色、噪声、内能、比热、电路图、串联、并联、电流、电压、电功率。高中物理学习的主要内容包括运动及其规律、力及力的合成分解、牛顿定律、曲线运动、万有引力及天体运动、机械能守恒定律、电场性质及描述、电路、磁场、电磁感应、交变电流、传感器、分子动理论、气体性质物态变化、热力学定律、机械振动、机械波、光的特性、电磁波、相对论简介、动量及其守恒定律、波粒二象性、原子结构、原子核。仅仅从内容上看，除了力学内容有一定的衔接性外，其他的知识内容无衔接性可言。

3. 教学方法的差异

初中物理教学中，由于对知识点要求不高，教授难度不大，教师有充足的时间来安排实验教学，让学生能够更加形象具体地内化所学物理知识。对于考点，教师可以进行多次反复训练。同时，初中物理的练习题题型较少，没有太大的变化，因此考试难度不大，甚至靠记忆和背诵都可以拿高分。这使得教师和学生在教学过程中容易忽视对物理思维的培养，忽视对知识的应用。而高中物理知识的学习比较抽象，内容较为复杂，知识量很大，知识之间联系紧密，如果没有物理思维的深刻理解，就不可能学好物理。此外，高中物理应用了大量的科学思维方式，如数学分析法、模型法、逻辑推理法、哲学分析法等，这些方法的应用同样需要数学知识。高中物理知识的学习还有一个特点，就是非常注重物理问题的情境化、知识结构的框架化和板块化，这要求学生有很高的归纳能力和理解能力。

4. 师生关系的差异

初中学生处于青春发育初期阶段，会从儿童过渡到少年。所以，教师在处理师生关系时，会从长辈的角度去体会学生的儿童心态，非常注重学生的学习感受，在学习上就会指导得更加具体、细致。而到了高中阶段，学生的心智发育基本结束，心理水平基本达到成人标准，教师对学生的关系处理也接近成人之间的交际准则。在学习上的指导就没有那么具体了，这对于初高中衔接来说，也是需要学生适应的。

二、解决初高中物理教学衔接较难的具体方法和途径

1. 夯实学生知识和技能的基础

（1）对高中教师而言，激发学生的学习兴趣和热情显得非常重要，这样可以极大地克服学生的畏难情绪。在教学方法上，在教学课时紧的情况下，教师还是要在教学中多使用一些生活中的例子，或者通过实验让学生亲自感悟所学的知识。将抽象的知识和概念与生活、实验结合起来，使其更加形象具体，便于学生理解。在互联网时代，智慧课堂也是我们选择的重要形式，它能够更好地激发学生的学习主动性和学习兴趣，使学生不再被动地接受抽象的知识。

（2）注重学生学习习惯的培养。学生的学习习惯是学习效果好坏的决定因素。在课堂教学中，学生能否学好物理知识的关键在于是否有一个师生共享

的高效课堂。从学生的角度出发，高效课堂就意味着提升学生的专注力，头脑随着教师的教学思路思考，手中不断地记录增强记忆力，眼睛不停观察加深理解；要在课堂上大胆发言，交流学习心得体会。从教师的角度来说，高效课堂不仅是对知识点和习题的精辟讲解，还应该大力培养高中新生的自学能力，要教会学生正确的学习方法和思考方式，注重对学生的启发性教学，给学生足够的思考时间和空间。同时使学生在教师的正确引导下对所学知识进行总结和归纳，使学生独立学习和思考的能力得到加强。

（3）提高学生思维能力。高中教师在规划整个高中物理教学时要通过各种有效的方法，使学生的概括、分析、总结、计算能力得到提高，还要引导学生清晰地认识到，提升思维能力的四种方法是物理方法、数学方法、逻辑方法和哲学方法。

（4）加强与初中教师的联系。高中物理教师要对初中的教学情况有所了解，这样有利于在进行高中物理教学时对教学内容进行适当的铺垫、扩展和延伸，为高中物理的学习做好铺垫。

2. 改进和创新课堂教学方法

（1）重视学习共同体的建设。学习共同体是学生获得知识的一个重要平台，学生通过自主学习、小组内自主合作交流，解决学习中遇到的大部分问题，所以要重视学习小组建设。合作探究获得知识对学生的激励比教师讲授强得多，知识的留存率也比教师讲授高得多。

（2）重视学生学习方式选择的多样化。在信息化、学习化、全球化的时代，获得知识的途径有很多，教师不仅要教会学生新的知识，还要教会学生获取新知识的途径，要让学生用多样化的学习方式更加合理地应用时间。

（3）使用先进的教学技巧。教师应该有开拓性的视野、开放的思维模式。教师只有不断地学习，才能跟上时代前进的步伐，才能获得先进的教学方法与技巧，才能成为优秀的教育工作者，才能向着未来课堂的方向发展。从现阶段来看，未来课堂发展方向有两个：一个是技术方向，如课堂实时反馈系统、慕课、极课等；另一个是课堂教学理念的改变，以"对分课堂"的教学理念为代表。这两个方向都是先进教学技巧的代表。

3. 提升学生的能力和品格

（1）科学的练习巩固。物理课堂教学中安排学生练习的时间要根据教学内容的不同灵活掌握，可以安排在刚上课时复习巩固，可以穿插在新知识的传授过程中，能当堂检测、巩固课堂教学效果，教师可以据此调整教学节奏，及时调整教学等，这对确保物理课堂教学效果优质、高效十分必要。练习到位，当堂检测、巩固课堂教学效果是实现物理课堂教学高效率的有力保证。

（2）学以致用。在高中物理课堂教学中，加强物理理论联系实际方面的教育，要注重选择教学内容与实际应用间的最佳结合点，这样有助于学生对教学内容的理解和掌握，对提高学生能力有很大的帮助。学生能够将所学的知识运用到实际生活中，解决了实际问题，对个人情感上也有很大的刺激，最终会督促他们更积极地去学习物理知识，最终培育了学生科学的品格。

（3）课堂教学校本化。要充分认识学生，了解本校学生的学习情况。新课程标准中指出，学生是学习的主体，所有的教学行为都应当围绕学生展开。教师在设计教学过程时一定要针对学生已有的知识基础、能力水平与思维水平。符合学生学情的问题才是校本化问题，才具有可操作性，才能最终达到课堂教学校本化的目的。

总之，要让初中生进入高中后喜欢学习物理知识，发展科学素养，是一件比较困难的事。毕竟，作为一门自然科学的物理学科，本身就需要有很强的思维能力和逻辑推理能力作为保障。作为教育工作者的我们，一定要从衔接难的原因入手，多想办法，让学生学科学、爱科学，为科技创新，振兴中华而努力。

参考文献

［1］黄致新，梅正锋.新课改背景下初高中物理教学衔接问题的研究［J］.高等函授学报（哲学社会科学版），2008（3）：50-51.

［2］叶金福.物理教学中如何处理好初高中的衔接［J］.福建教育学院，2008（12）：113-114.

［3］刘汝超.初高中物理教学衔接问题研究［J］.新校园，2011（4）.

［4］李玉斌，张爽.移动学习的内涵方式及其对远程教育的意义研究［J］.现代远程教育研究，2005（1）：30-34.

浅议研究性学习开展的国内现状

在已有的研究性学习研究中，一部分研究从实施的角度出发，深入到研究性学习的过程中，从学生、教师、学校的视角探究学习如何发生；另外一部分研究从评价的角度出发，致力于寻找教与学之间的关联，探究研究性学习对学生的知识、技能、心理发展的影响。这些研究已经为我们认识研究性学习的过程和效能提供了可借鉴的可靠基础，也是本课题继续深化研究的方向。

我国对研究性学习的研究多集中于对其本质的分析与案例的展示，关于研究性学习课程的开发、实现效果、实施与评价则是急需加强和改变的领域。在这些领域，普遍认为有以下几个方面需要加强和改变。

一、研究性物理实验教学的观念认识急需改变

教师传授知识，学生被动听讲记忆的模式已经持续了很多年。面对研究性学习的新思想，部分教师在短时间内还没有办法适应：既不会拒绝这种教学方法，也不会主动接受，选择消极性备课，甚至认为这种方式给自己的课堂教学带来了麻烦，担心学生的成绩受到影响，降低课堂效率。有些学校作为推进研究性学习的主体，对这方面的认识也不足，默许教师继续原来的"填鸭式"教学方式。学生对这方面的认识也有些偏见，尤其是对于高年级学生来说，他们认为高分对他们来说更为重要，掌握知识才是第一要务，不需要那些额外拓展的活动或者物理实验，只要记住物理原理就好，从不注重实践性。而家长和社会方面则更不理解研究性学习，他们不像教师那样进行过系统的学习，对研究性学习可以说是完全不了解。他们所能关注到的孩子在学校方面的表现基本是靠一张成绩单，很多学校进行的活动在家长的眼里是不务正业，家长自然无法配合学校工作。

二、研究性物理实验教学模式生搬硬套

对于教师而言，如何进行教学设计才能使研究性学习成为"为理解而做"的学习活动是最重要的。但很多教师认为自己的能力没有办法胜任，所以教学还是会选择以传授知识为主，对于研究性物理实验教学等活动进行得很少，而且他们注重的是让学生学到更多的知识，他们专注于教材应该怎么教，这样一来会更加提倡"接受式"的教学方法，而忽略了学生的学习研究性。研究性学习已经是现在无法避免的教学发展趋势，因此，有些教师就将"接受式"教学包上了一层研究性学习的外壳，用"发现问题—提出问题—自主探究—解决问题"的模式来进行课堂教学，可实质还是知识的大量灌输，还是没有对学生的研究态度和实践能力重视起来。这样迫于压力进行的教学，学生不仅不会得到研究能力，可能连原本的知识传授的效果也无法达到。

三、研究性物理实验教学的教学环境不理想

教学环境其实可以分为"软环境"和"硬环境"。"软环境"差就是指学校对于课程的组织管理不合理，学生的课程过多，对于知识的掌握要求高，同时作业量也大，无形中增添了很多压力，学生仅是应付功课就已经相当疲惫，根本就没有时间去拓展自己的兴趣，减少了参加课外活动的机会，更不要说花时间进行研究性学习了。物理实验本身就是进行研究性学习的平台，若没有探究的时间，就无法实现研究性学习。而"硬环境"不理想主要是指学校的资源不够或资源配置不均衡，学习的资源有限，教学条件也不先进。物理实验的研究性学习尤其需要大量的实验器材。研究性学习很多时候都是分小组来进行探究的，同一时间不同的小组进行实验，班级学生人数众多，有些实验器材设备就无法满足实验的需要，无法兼顾到每个学生。当学生需要进行社会调查的时候，为了人身安全应该有教师跟随，如果没有办法保证都有教师的陪同，会影响研究性学习的进行。

四、研究性物理实验教学的实施不够深入

在物理教学中，实验占有很重要的地位，实验再多都不为过。传统的教学中，教师只是一味地给学生灌输知识，把学习的重点放在考试上，对学生实

验能力的培养重视不够，有些教师甚至只是在黑板上对物理的实验进行口头讲解，然后让学生记忆一些实验中的要领，彻底违背了物理学科学习的规律。物理学科的教学应指向核心素养，然而学生的科学素养需要在实验探究中逐步形成，仅仅通过教师的讲解是无法实现的。所以，教师要提高物理教学质量需要开展多样化的研究性学习，学生通过研究性学习，才能获得能力和品格的发展。

综上所述，虽然目前在先进的教育教学理论的指导下，结合建构主义理论和人本主义理论探究出了自主学习、合作探究、启发性学习等新的教学方法及模式，但也未能使初中物理教师设计出更多具有借鉴意义的优秀研究性物理实验教学活动设计，让物理实验教学充分发挥应有的作用。由此可见，如何运用恰当的理论做指导，让教师研究出微观、切实、形象、具有实践意义的研究性物理实验教学设计就成为值得研究的一个重要课题。

参考文献

［1］曹斌.研究性学习课程的教师指导策略探研［J］.成才之路，2018，591（35）：50.

［2］赵思林，王佩.一道高考不等式题引发的研究性学习［J］.数学通报，2018，57（11）：40–42.

［3］姚海霞.基于学生为主体下教学理念谈数学素养的培养［J］.课程教育研究，2018（48）：158.

浅议研究性学习开展的国际现状

如何顺利地、有效地开展研究性学习，是我国许多学校新课改过程中面临的重大难题。目前，我国对研究性学习的研究如雨后春笋般涌现，但探讨多集中于对研究性学习本质的分析与案例展示，对研究性学习的实施与评价研究相对较少。为了促进研究性学习的顺利实施，要更多地关注研究性学习实施和评价中的困难与问题。本文对国际上对研究性学习实施与评价的相关研究进行了归纳与分析，以便为我国的相关研究提供理论视角、研究方法和实证研究上的参考和启示。

一、研究性学习实施的研究

研究性学习的实施研究在于探讨研究性学习活动开展的过程，揭示如学生、教师、家长和学校等不同参与者在课堂、校内和校外等环境下，在研究性学习的不同阶段所遭遇的困难及解决的办法。

1. 学生遭遇的挑战

从本质上讲，研究性学习是以学生为中心的学习方式，与传统教学相比，它要求学生在学习过程中扮演更活跃的角色，积极地承担更多的责任。因此，在研究性学习过程中学生会面对很多挑战。国际研究中有观点提出学生在进行研究性学习时常面临的困难有：

（1）不能持续地保持探究的动机。学生在研究性学习的初期，由于新颖性和自主性还能保持很高的兴趣，但是随着学习过程中困难的增多，学习兴趣便逐渐减退。而研究性学习是以学生的高动机为前提的，只有这样，学生才能够积极主动地参与探究活动。

（2）缺乏继续探究的技能。例如，学生需要知道如何用科学的方法收集与分析资料，通过什么方法来展示研究成果等。

（3）缺乏使探究继续下去的背景知识。在提出研究问题、制订研究计划、收集和分析资料的每个环节都需要以相应的知识为基础。如果学生缺乏知识基础，就不能完成有意义的研究活动，也就没有机会去拓展和运用知识。另外，由于缺乏基础知识而使探究不能层层深入，在学习过程中学生感受不到挑战和收获之后的快乐，最终会失去学习动机。

（4）不能管理自己的探究活动。国际上有研究发现，学生缺乏社交技能，特别是在小组中合作的能力是影响研究性学习的一个重要因素。而且，研究性学习是一个复杂的、开放的、内容广的活动，而学生在传统的教学活动中又没有很多进行如此复杂管理的机会和相应的自我管理习惯与能力。因此，在研究性学习中管理就成为需要解决的重要问题。

在通过录像、实地观察和访谈等方法对两个研究性学习项目中学生的学习经验进行细致的研究后发现：学生在制订调查计划方面较有把握，但是对如何提出有意义的研究问题；如何根据研究问题系统地收集和分析资料，根据资料总结研究发现；如何管理时间；如何系统地完成学习任务方面困难比较多。研究者提出，教师建设性的指导对研究性学习的实质性进展至关重要。

总而言之，高动机是研究性学习开展的基本条件，而学生具有一定的背景知识，在教师及时的指导下，进行有实质性内容的探究活动是高动机的源泉。同时学生需要具有关于研究性学习的方法性的知识和技能，能够与他人和谐地合作，有效地管理自己的活动和时间。

2. 教师面临的挑战

个案研究发现，研究性学习是基于建构主义理论的具有非预设性特征的教学方式，往往与教师教学行为背后深层的信念是相互冲突的。要找出冲突在哪里以及解决的方法是一个很缓慢和费时的工作。教师是否能够坚持应对来自冲突中的挑战与三方面原因有关：一是教师能够看到新的教学方式和其背后的理论基础对于达成他们所期望的教学目标来说是关键，二是教师全身心地投入这种新的教学方式的学习之中，三是教师得到多元的合作与反思等专业成长与发展的机会。还有研究发现，教师在指导研究性学习中所遇到的主要困难有：

（1）时间。实际的学习过程所需要的时间往往比教师所期望的时间更多。

（2）课程管理。为了使学生有效地学习，教师需要在维持秩序与学生自由支配时间之间维持平衡。

（3）控制。在教师指导与学生探究之间拿捏平衡。

（4）对学生学习的支持。在学习过程中教师需要给予学生恰当的反馈。

（5）技术运用。教师并不能在教学过程中把科技作为认知工具并充分地加以利用。

（6）评价。教师不能设计恰当的工具和方法评价学生的学习效果。

在上述困难中，教师对学生的支持、控制和评价是最关键的。研究性学习并不是按照预先设定好的详细方案执行的过程，其本身是一个不断挑战、无限探寻的历程。在学习过程中，学生的迷惘、困难是不断的，是难以预料的。在这种情况下，教师及时的、有效的指导就显得至关重要。而教师知识的发展是教师对学生提供有效指导的前提和基础。这些知识包括：

其一，内容知识。教师对学生研究问题中所涉及的相关知识有深入的把握，在此基础上才能对学生如何分析研究问题，如何设计研究工具，应该收集哪些资料，以及怎样分析资料和总结研究发现有切实的指导。

其二，课程知识。教师要对研究性学习的性质、目的与过程的认同和理解。现实中扭曲的现象是，许多教师仍然用学科课程中的价值来判断研究性学习的功能和学生的表现。

其三，学生及其特性的知识。这些知识包括在研究性学习中学生的思维过程和在不同阶段的学习过程中学生所遇到的困难等。

其四，教学法知识。教法知识指根据学生在研究性学习中表现出来的学习过程的特性，如何设计教学的知识。

另外，从教学策略的角度来讲，有研究通过访谈、观察等质化研究方法，归纳出成功实施研究性学习的三个因素：培育学生自我管理和自主学习的文化；利用榜样的作用，选择优秀的作品让学生学习；创设支持学生学习的物理环境。

3. 学校面临的挑战

虽然教师都认为学校层面的因素是促进或阻碍研究性学习在教学层面实施的重要因素，但是这方面的研究却不多。已有的研究显示，学校层面影响研究性学习实施的因素有：可供学生利用的资源；研究性学习的组织能否融入学校的日常组织结构中；班级规模不能太大；研究性学习是非常耗费时间的活动；

教育当局在评价政策和时间安排上的支持。

4. 干预研究

所谓干预研究，就是通过诊断学习过程中的薄弱环节，对症下药，提高学习效能。国际上通过对多项研究的分析归纳出研究性学习实施中的问题有：学生缺乏动机；不能提出有意义的问题；不能有效地运用科技手段；缺乏有效的知识管理等。干预这些问题的方法包括操作指导、小组合作、自我与同伴评价等。多项研究发现，研究性学习实施中一个典型的问题是学习活动不能与其活动背后所隐藏的学科概念结合起来。也就是说，研究性学习活动往往追求活动本身，学习的结果沦落为色彩斑斓的美劳作品，只图对报告进行形形色色的包装，而对活动中所能蕴含的知识性、思维性内容没有挖掘。解决这种问题的一个策略就是提出驱动性问题，从而引导学生对复杂概念与原理进行深入探索。我们在分析两个相关案例后发现，有利于研究性学习成功实施的四个方法是：第一，确定适当的学习目标引导学生进行更深入的理解；第二，通过"情境性教学""合作个案"等方式进行研究性学习；第三，提供多元的自我评价与修正的机会；第四，改变组织结构以提高学生参与的程度和引发学生的主体性。通过个案，笔者解释了学习者是如何反思自己学习的，并通过资源的提供鼓励学生提高自己。研究者还发现，研究性学习的实施最大的困难在于：要求课程、教学和评价同时改变，而这种改变不论对于学生还是对于教师来说都是陌生的。

二、研究性学习评价的研究

1. 知识与技能的获得

有研究表明，在研究性学习中学生知识和技能的掌握水平如下：

第一，研究性学习对学生技能的掌握有极其显著的正面效果，而且没有一项研究显示有负面效果。通过研究性学习，尽管学生获得的知识很有限，但这些知识却能保持更长的时间。此发现说明，研究性学习这种"做中学"的学习方式非常有利于技能的掌握，也有利于知识的学习，但却影响知识学习的效率。

第二，不论对学生技能还是知识的学习来说，学生原有的智能水平是非常重要的调节变量，不同智能水平的学生在研究性学习中所学到的技能和知识的差异是巨大的。也就是说，研究性学习的有效开展需要以学生相应的知识和能力为基础，而且相对于讲授式的教学来说，不论是研究性学习过程中，还是学习结果，个别差异都更大。

2. 学科知识的理解

有研究利用前测—后测方式在三年内跟踪研究了英国两所中学各300名学生在数学课上成绩的变化。一所学校采用研究性学习方式教学，另一所学校采用以教师为中心的方式教学。两所学校的学生在社会地位、能力方面基本相似。结果发现：在"死记硬背"知识方面，采用研究性方式学习的学生与以教师为中心的方式学习的学生表现得一样好，而且在国家统考中，取得高分的学生，前者是后者的3倍。在国家考试中难度较大的"概念性问题"中，前者的表现也明显优于后者。因此，笔者认为，两所学校的学生获得了不同类型的学科知识，从学生所获得的不同类型的学科知识中也可看出学生对知识的不同态度。这个研究发现至少说明三点：一是采用研究性方式学习的学生在知识的掌握方面明显优于采用以教师为中心的学习方式的学生；二是学生对知识的理解深度与迁移、运用能力也比采用以教师为中心的学习方式好；三是学生对知识和学习的态度表现得更具有内在动机。

在研究中，给学生两个"不明确界定"的问题和相关的数据，让学生发展以下特殊技能：确定问题是否存在；对问题进行明确的界定；筛选能够用于理解问题的信息；识别收集信息的来源；提出可能的解决方案；运用成本—效益和连锁反应等模式来分析解决方案；提出策略建议来支持优先解决方案的落实。研究发现，学生的问题解决能力有显著的提高。而且，还有研究发现，研究性学习能够明显地提高学生的批判性思维能力。

3. 心理发展

通过学生的自陈报告发现，研究性学习有利于学生在学习态度、工作习惯和自尊方面的改善和发展，能够使学生增强自信和持续学习的能力。对于教师而言，也提高了教师处理个别差异、形成性评价、运用家长和校外专家资源，同时增强了作为教师和学习者的信念和实践。这说明，组织与指导研究性学习的过程，确实也是促进教师专业发展的过程。

4. 不同学习风格与能力的学生的表现

有研究表明，研究性学习比传统教学方式更适应不同学习风格和智力倾向的学生。有的学生在传统教学中学习平平，但是在研究性学习中有上佳表现，而有的学生则相反；有的学生以学习为目标取向，能够容忍失败，并且具有很高的自我效能感，不断地"寻求挑战"；而有的学生则属于"回避挑战"型，以成绩为目标取向，为避免失败而经常回避挑战。一项旨在研究寻找不同能力的学生在综合、预测、创造、评价和反思等方面的批判性思考行为和合作、启动、管理等社会参与行为中的差异发现：在社会行为方面，高能力组学生的参与程度是低能力组学生的2.5倍；在批判性思考方面，高能力组学生是低能力组学生的1.5倍。在前测与后测的比较中发现，低能力组学生在批判性思考和社会参与行为方面提高了3.46倍，而高能力组学生则提高了0.76倍。此发现说明，虽然在以上两个方面上高能力组学生的表现优于低能力组学生，但是低能力组学生确实获得了较大的提高。学习研究中，有一部分研究从实施的角度深入研究性学习过程中，从学生、教师、学校的视角探究学习如何发生以及教师如何跟进才能使研究性学习变成"为理解而做"而不是"为做而做"的学习活动。

三、研究性学习的研究展望

有研究者认为，国际上对研究性学习的研究还比较年轻，只有10多年的光景，还没有出现被广泛接受的研究性学习理论作为教师专业发展的基础。因此，研究性学习的研究还没有对研究性学习的实践产生实质性影响。

课程研究的内容分为三个范畴：实质的、政治–社会的和技术–专业的。实质的范畴指的是学习目标、学习经验的选取和组织、评价等课程的共同要素。探究的是它们的本质、价值、制订基础和彼此之间的关系，属于课程设计的范畴。政治–社会的范畴指在一定的政治和社会条件下，某些人的利益受到重视，另外一些人的利益则被忽视，从而某些目标、内容和方法受到照顾，另外一些被忽视，属于课程决策与决定的范畴。技术–专业的范畴包括考查个别或一组课程设计与制作过程，所需的资源和配合的因素及评价过程，通过这些过程，课程得以编制、改进和更新，这属于课程实施和评价的范畴。我国关于研究性学习的研究，在"政治–社会的"维度上的较多，大家都能认识到研究性学习肩负着提升学生主体性、改善学习方式的使命，赋予它"课程革命"的意义。另外，从"实质的"维度对研究性学习课程的本质、特征、价值的研究最多。如果说前两个维度分别从"为什么"和"是什么"的角度探讨研究性学习，那么"技术–专业的"维度则从"如何做"的角度进行研究。我国在此维度下对研究性学习的实施和评价的研究则非常缺乏。下面在借鉴国际上对上述研究的基础上，提出我国在研究性学习实施与评价的研究中需要着力探究的问题，以引领研究性学习顺利实施。

1. 研究性学习的实施

（1）通过对优秀实践案例的分析，探究能够促进学生发展的研究性学习在计划、实施和管理方面有哪些特征。

（2）从教师的角度出发，分析研究性学习是如何进行的。当教师面对研究性学习这种与传统教学不同的教学方式时，在信念、知识、态度、能力方面有怎样的反应？产生了怎样的变化？教师是如何计划、实施、管理与评价研究性学习的？教师行为背后的理论是什么？

（3）从学生的角度出发，研究学生的学习。在研究性学习中，学生是如何学习的？学生在学习的过程中会遇到哪些思维、情感、知识、技能上的困难？应该给予怎样的支持才能使学生克服困难？

（4）研究性学习的开展是如何与学校更新与重建联系的？研究性学习需要一定的环境、校本课程的发展和课程统整的发展。相应地，研究性学习本身也是校本课程和课程统整的一部分。通过研究性学习，教师的专业是否获得了发展？学校的组织结构是否更加灵活？课程领导是否更能配合与支持课程与教师的发展？学校文化是否得到丰富和发展？学校与社区、家长的关系是否发生改变？

2. 研究性学习的评价

（1）与其他学习方式比较，研究性学习的效能在哪里？优势及局限性在哪里？研究性学习在促进学生知识的掌握、元认知技能、合作与交流技能、多元智能和态度等方面的发展能够发挥多大的作用？不同年龄的学生在研究性学习中有什么差别？不同能力的学生在研究性学习中的表现有什么差别？

（2）除了知识和研究能力外，学生在社会性、心理和情感方面有发展吗？学生能够在其他课程的学习中运用在研究性学习中所学的知识吗？班级的文化因为研究性学习的实施有所改变吗？

参考文献

［1］张伊帆，何飞，李永峰.高校环境类大学生研究性学习和创新能力培养
评估指标体系的研究［J］.广东化工，2018，45（12）262–263.

［2］马若泓.英国国家铁路博物馆义务教育阶段研究性学习系统的构建
［J］.科学教育与博物馆，2018，4（10）：68–72.

［3］行高民.研究性学习与启发式教学关系初探［J］.长治学院学报，2018，35
（4）：88–90.

浅议初中物理实验教学开展研究性学习的意义

习近平总书记在2018年5月28日召开的两院院士大会上谈道："科学研究是最具创造性的活动，也是最依赖创新激情的活动。"这说明，当今知识经济时代对科学素养的要求与日俱增，我们不再以拥有知识的多少作为衡量一个人素质高低的唯一尺度，而以科学研究能力的高低为标准。在这个理念的指引下，在中学教育技术的现代化的推动下，教学模式和学习方式都有了新的改变：传统教学形态的束缚被打破，指向核心素养的培养正在不断加强，许多教学方法相继推出，如启发式教学、发现法教学、探索法教学、边讲边实验教学、小组自主合作学习等。本课题研究的是研究性学习，研究性学习的定义是在教学过程中创设一种类似科学研究的情境或途径，让学生主动地探索、发现和体验，学会对大量的信息进行收集、分析和判断，从而增强思考力和创造力。从这个核心概念的解读上来看，上述教学方法都可以统一整合到研究性学习的框架中。

初中阶段的物理学科是一门与生活实际联系非常紧密的学科，是一门以观察和实验为基础的自然科学，所以在物理教学中，实验教学就是最重要的组成部分。实验教学能为学生正确认识事物及客观规律提供事实依据，又能培养学生观察现象、分析问题、解决问题的能力。随着培育学生物理学科核心素养理念的不断深入，物理实验教学的方法不断被研究。一般来说，物理实验教学的研究应根据物理实验教学的意义，从物理实验过程的指导入手，加强物理实验教学的探究，从而提高物理实验教学的效果。如果将研究性学习与物理实验教学联系起来，就会产生深远的现实意义，主要表现在以下几个方面。

一、研究性物理实验教学方式具有较强的可操作性

对于教师的教和学生的学来说，研究性物理实验教学是一门全新的课程，

但具有较强的可操作性。教师在进行研究性教学设计过程中需要注意的是，要以问题为本位，以问题为载体，在自然、社会和学生自身的生活经验的基础上设置问题情境，让学生自觉地收集与问题相关的材料，再通过分析、归纳、整理等必要的学习方法体验问题解决的过程，从而达到培养学生观察问题、分析问题、解决问题等能力的目的。同时，研究性学习的教学设计要坚持实践性、开放性、活动性等基本原则。实践性原则是指从实际出发，能够因地制宜地设计问题，使学生能自然地融入学习，而不需要过多的预先安排。开放性原则是指设计问题要具有宽泛性、兼容性、相关性等特征，从而不至于使学生进入情境时感到无所适从。活动性原则是指设计的问题要具有动态性、自由性和灵活性等特征，这是让学生在学习过程中始终兴趣盎然、不感到枯燥乏味的有力保证。从学生的学习行动来看，在研究性学习中，教师是学习活动的组织者、参与者和引导者，学生学习的产生非常自然。

二、研究性物理实验教学方式有助于学习过程中师生角色的改变

简单地说，研究性物理实验教学方式分为课堂内形式和课堂外形式。课堂内的研究性学习包括发现式研究和接受式研究两种形式，课堂外的研究性学习包括探究性实验与制作、专题探究活动。无论是哪一种研究性学习形式，都有相同的特点，那就是以问题带动学习，学生的主体地位得到真正体现，学生积极主动地学习代替了被动地强迫学习。所以说，研究性学习是一种对知识的主动探求、发现和体验，学会对信息获取、分析、判断和选择，并重视解决问题的积极学习方式。改变了传统教学主要靠教师讲授知识、学生被动接受知识的状况，学生思维的流畅性、变通性、深刻性、独特性得到发展，学生的好奇心得到尊重，学生大胆质疑的精神得到延伸，学生可以大胆类比、大胆猜测、大胆假设、大胆表明自己的不同见解，始终存在一个自由的探究氛围，最终培养了学生的学科核心素养，进一步增强了学生的实践能力，也改变了传统教学中师生的角色关系。

三、研究性物理实验教学方式有助于学生学习方式的优化组合

学生学习的方式大致可以分为两种：一种是传统的被动式的学习方式，基本形式是学生通过大量的记忆、模仿和操练获取知识，教师传授、提问、答

疑，学生讨论、练习、质疑；另外一种是主动的研究性学习方式，即学生主动收集信息，加工处理信息。这样的学习方式最有利于提升学生的物理学科核心素养。研究性学习以学生为主体，学生获取知识的途径自身的研究活动，研究中将发展学生的分析能力、推理能力、假设能力、决策能力及解决问题的能力等。这一发展变化使学生在处理各种事务时表现出计划性、灵活性、独立性和矫正性等特征，显现出学生实践的能力，使学生更能适应知识经济时代对人才的新要求，使得学生学习方式得到优化。

综上所述，在初中物理教学中开展研究性学习的意义在于：一是使我们对研究性实验教学设计的开发有更全面充分的认识和理解，二是寻找利用研究性实验教学设计开发来促进教师专业成长的具体措施，三是通过研究性实验教学设计开发来提升学生的核心素养，四是对研究性物理实验教学做一些实践的探索和理论的积累。这些对指向核心素养的课堂教学改革来说是一项接地气的紧迫的任务。

参考文献

［1］方晗.探究性学习在初中物理实验教学的作用［D］.武汉：华中师范大学，2018.

［2］刘利锋.初中物理实验教学中"研究性学习"［J］.科技展望，2015（22）：201.

［3］陈喜燕.研究性学习与演示实验相结合在初中物理教学中的应用与实践：以古塘乡中心学校为例［D］.湘潭：湖南科技大学，2015.

初中物理研究性学习开展的教学设计分析

教育的目的是以德树人。为了实现这个目标，我们首先要在教育过程中注重提高教育质量，而研究性学习是提升教育质量的重要途径，所以，研究性学习是课堂革命的必经之路。物理学科的本质就是观察和实验的学科，通过实验教学可以使学生更好地理解和掌握物理概念、规律等知识，提升学生的学科核心素养。实验教学是研究性学习开展的天然平台。

物理课堂的研究性学习教学方式具有较强的可操作性。对于教师和学生来说，研究性学习是全新的课程，如何搞好研究性学习，是初中物理教学中一个重要的课题。在研究性学习中，学生需要的是引导或帮助，而教师是学习活动的组织者、参与者和引导者。因此，初中阶段的物理研究性学习是一种半开放式的活动。下面是笔者在初中物理课堂教学中对研究性学习案例的分析和思考。

一、教学设计实施的实践

以初中物理第八章第三节《摩擦力》中的"滑动摩擦力的大小与哪些因素有关"的教学为例来探讨研究性学习。

教学设计实施程序如下。

1. 创设情境，提出课题

问：人踩在西瓜皮上，为什么会滑倒？

学生答：滑动摩擦力小。

又问：脚踩西瓜皮滑动摩擦力为什么小？哪些因素影响滑动摩擦力的大小？

2. 实验探究、验证、论证

学生分组讨论，最后基本达成一致的实验方案。

3.实验方法

控制变量法。

4.具体实验步骤

（1）使压力、接触面的大小、物体运动速度保持不变，研究滑动摩擦力和接触面粗糙程度的关系。

（2）使接触面粗糙程度、物体运动速度、接触面的大小保持不变，研究滑动摩擦力和压力的关系。

（3）使压力、接触面粗糙程度和物体运动速度保持不变，研究滑动摩擦力和接触面的大小的关系。

（4）使压力、接触面粗糙程度和接触面的大小保持不变，研究滑动摩擦力和物体运动速度的关系。

5.归纳结论，应用提高

经过教师和学生的共同实验和探索，根据实验数据，经过分析讨论，归纳结论如下：滑动摩擦力的大小与接触面的粗糙程度和压力有关，而且接触面越粗糙，滑动摩擦力就越大，压力越大，滑动摩擦力越大；滑动摩擦力与接触面的大小和物体运动速度无关。

6.师生讨论、分析与评价

通过实验研究活动，学生阐述研究的结论并对学生或教师的提问进行答辩，师生共同评价其研究的完美性。学生也可以阐述其在研究过程中或研究后的各种建议，再由师生共同评价其提出的建议的可行性和可操作性。通过实施研究性学习，学生不仅掌握了现有教材的知识内容，而且对现有的知识点进行了拓展，强化了知识的运用，突出了能力的发展。

二、教学程序设计的建议

研究性学习的特点是学生独立自主地学习，它强调个人的独立学习活动，旨在针对某一具体课题，学生主动参与、投入，教师加以引导及师生共同探究物理现象、规律。首先，研究性学习的教学过程就是在有目的、有组织的情况下，引导学生根据已经学过的物理知识和生活经验，对问题进行科学猜想，鼓励他们大胆提出各种假设，并展开讨论，设计出检验的实验方案。其次，学生在教师的指导下分组独立进行实验，取得实验数据，通过对实验现象与数据的分析、综合、判断、推理等，得出结论，进而使得认识获得进一步提高。最后，学生即可将新获得的物理概念、定律等知识运用于新情境的问题解决之中。

三、研究性学习也带来了新的问题

研究性学习的实施对教师提出了更高的要求。教师要进一步钻研业务，学习科学，提高自身素质，既要更新本学科专业知识，又要弥补其他学科知识的不足，更要努力学习现代教育科学理论，对学生的探究方向与方法给予有效的指导。教学应遵循自身的发展规律，在研究程序和方法等具体要求上，应符合学生身心发展的规律和教育教学的目的。

研究性学习要实行弹性教学，需要进行教学管理上的研究。因而，在目前的教学过程中，教师必须根据实际情况，在课堂上实施研究性学习。在实施过程中应切记：教学有法，但无定法。只要因课、因地、因人而异，适当运用研究性教学方法，就一定会取得事半功倍的教学效果。

总之，我们开展研究性学习的整体思路是：以初中物理研究性实验教学活动设计为平台，展开研究性学习，进行初中物理研究性实验教学设计，为教师开展研究性实验教学设计提供参考，进而对研究性实验教学实施评价和研究，物化研究成果，弥补研究性学习的研究短板，以点带面，层层铺开，最终打造研究性学习学校，为新时代社会主义建设培育优秀人才。

📑 参考文献

［1］中华人民共和国教育部.全日制义务教育·物理课程标准（实验稿）［M］.北京：北京师范大学出版社，2001.

［2］张大昌.新课程理念与初中物理课程改革［M］.长春：东北师范大学出版社，2002.

［3］胡永生.中学生研究性学习的方法与范例［M］.上海：上海交通大学出版社，2001.

初中物理实验研究性学习实施策略和途径

研究性学习的定义是在教学过程中创设一种类似科学研究的情境或途径，让学生主动探索、发现和体验，学会对大量的信息进行收集、分析和判断，从而增强思考力和创造力。从定义的角度来看，研究性学习实施的策略主要有以下几个方面。

一、教学主题生活化

研究性学习区别于一般学习和其他主题性学习的显著特征是以自然界或社会中的真实问题作为研究主题。具体来说就是在教师的指导下，学习者围绕自然、生活或社会中的真实问题展开活动，增强了学习的积极性和主动性。

二、注重学习的实践性

研究性学习通过让学习者动手实践，在亲身体验中获得获取信息、加工信息和处理信息的能力。在运用知识解决问题的过程中，学习者能更深入地领会知识之间以及学科之间的联系，加深对相关学科知识的理解，认识到课堂知识与社会实践的联系与区别。

三、强调学习的自主性

研究性学习采用自主学习的方式使学习者主动结合各种知识，亲自体验和研究，积极地进行探究性学习，改变了传统的、被动的、接受式的学习方式。

四、强调学习的开放性

学习者的学习资源从书本扩展到图书馆、互联网和社会实际生活，使学习资源变得开放。学习者在这种开放、多元、动态的学习环境下，能够通过更多的方式和渠道获取知识，从而从不同侧面理解学习内容。

接下来，我们在以上四个策略的指引下，分析关于初中物理液体压强教学的研究性学习教学设计，进一步明晰研究性学习教学设计的实施途径。研究性学习的实施途径主要包括提出问题、分析问题、解决问题、实施方案和评价总结五个阶段。在设计中各阶段对应的教师活动与学习者活动如下。

1. 提出问题

教师活动

（1）为液体压强的研究性学习创设情境，提出为什么蛟龙号是中华民族伟大复兴的重要标志；为什么潜水员下潜会有深度限制，否则就有生命危险；为什么防洪水的堤坝做成上窄下宽的形状，引导学习者思考产生这些现象的原因，再总结这些问题产生的原因是液体压强。

（2）引导学生提出如下问题：为什么会存在液体压强？液体压强对科技发展、日常生活有什么影响和应用？

学生活动

（1）思考并回答教师提出的三个问题。

（2）认真聆听教师给出的结论，得知这些现象产生的原因是液体压强后，在教师的引导下学习液体压强。

2. 分析问题

教师活动

（1）根据合作性原则让全班学生自由分组，教师根据分组情况对各小组进行合理调配，并选出小组长。

（2）设计三个贴近生活并能够研究液体压强的角色（物理学家、工程师和防汛专家），引导学生通过扮演其中一个角色，分析液体压强问题，同时教师需给出相应的角色应该从哪些方面研究液体压强问题。

学生活动

（1）根据合作性原则自由分组，在小组成员及小组长确定后，依据个人兴趣，选择物理学家、工程师和防汛专家三个角色中的一个，经小组讨论后确定组员的角色，使每个组内都同时包含这三个角色。

（2）回想与酸雨相关的知识，联系所学的知识分析当前问题。

3. 解决问题

教师活动

组织各研究小组的研究活动，同时监控各研究小组的活动进程，对需要帮助的小组或者个人给予资源、技术、方法等方面的帮助。

学生活动

（1）各小组成员根据自己的角色以及教师列出的相应问题，通过查阅书籍、使用互联网等各种方式收集资料，并对资料进行整理。

（2）各小组成员根据自己的角色以及已收集到的资料分析液体压强问题，并得出自己的结论以及相应的建议。

（3）组内讨论各小组成员的个人结论及建议，讨论什么是液体压强，从不同角度讨论液体压强对我们的生活、科技发展产生的影响以及如何缓解这些影响等问题，最终得出组内结论以及形成对液体压强的认识。

4. 实施方案

教师活动

（1）审核各小组得出的结论以及研究液体压强问题的解决方案，如有不合适之处，提出修改意见。

（2）监控学生实施方案的过程。

学生活动

各小组实施研究液体压强问题的解决方案。由于液体压强问题与液体密度、深度等有关，在研究液体压强问题时可以从这两方面来进行。

5. 评价总结

教师活动

（1）根据各组的活动过程以及活动结果选出最佳组长和最佳小组。

（2）将各小组的总结报告以及挑选出的优秀个人总结展示在教室内，供大家观看。

学生活动

（1）各小组针对组内结论以及相应的问题解决方案撰写一份总结，每个组员根据自己的角色以及在组内活动中完成的工作写一篇感想。

（2）各小组根据组员在活动中的表现选出最佳组员。

液体压强问题的研究性学习的案例通过角色扮演的方式，激发学生的学习兴趣，使学生积极主动地探索知识，在亲身体验与探索中让学生更深刻地理解知识。组内成员能根据个人兴趣自主选择角色，体现了研究性学习中学生是学习活动的主体。根据自己的角色研究液体压强问题，又使学生通过自主学习形成自己对液体压强问题的见解，为之后的小组讨论做了铺垫。在研究性学习教学设计中，小组成员角色的最终确定还需经过小组讨论环节，在这个过程中学生在与其他成员协商、讨论的同时培养了他们的沟通能力与协作能力。自主学习与协作学习不仅仅体现在角色的选择与确定上，它们相互交替贯穿于研究性学习的整个过程，不仅使学生顺利完成了研究性学习的任务，还在小组协作的过程中获得了与他人沟通的能力。在教学设计中每个小组必须同时包含三个角色，这样设计的目的是让学生在小组讨论的过程中，听取其他扮演不同角色的同学对液体压强问题的分析，使学生能从不同角度全面地理解液体压强问题。教学设计中列出了教师在液体压强问题的研究性学习中应进行的活动（主要是引导性的活动），突出了教师在活动中的主导作用，也详细描述了学生在液体压强问题的研究性学习中应进行的活动，突出了研究性学习以学生为主体的特点。由此看来，本教学设计体现了教师做主导、学生为主体的教学思想。

在过去的物理实验教学中，我们通常只关注知识本身，忽视了知识的实用性。学生对许多物理知识不感兴趣的一个重要原因就是不知道学习的这些知识的用途。所以教师在进行物理实验知识的研究性学习设计时，首先要让学生明白生活、科技发展中处处有物理知识的身影。学生要想真正理解知识，并在生活中运用知识，解决问题，就需要将枯燥的知识与生活、社会、科技相联系，实现知识的内化。液体压强问题的研究性学习就是基于生活中的常见问题，让学生以小组方式对液体压强问题展开研究的。该教学设计通过三个与生活相关的疑问引出液体压强问题，并且运用角色扮演的方式，充分调动了学生的学习兴趣，吸引学生主动参与到学习中，促使学生形成了主动学习的态度，提高了学生的自主学习能力、探究性学习能力及协作学习能力，最终使学生全面理解液体压强问题。

最后，我们在研究性学习中应注意的问题有以下几点：

（1）转变教育观念。研究性学习是新的教学理念和教学改革的产物，因此需要我们转变旧的教育观念。首先，要从传统的"以教为主"向"以实践为主"转变，即让学生亲身实践，在探索中获得获取信息、加工信息和处理信息的能力。其次，要从"注重结果"向"注重过程"转变，在使学生掌握一些基本概念、结论的同时，引导学生理解概念是如何形成的，结论是如何得到的。

（2）研究性学习中问题的提出。研究性学习活动的重点是从自然、社会和生活中选择和确定研究主题，即提出问题，而研究性学习的问题至少应该满足以下两个条件：一是学生目前已具备解决该问题的语言、信息、智慧、技能和认知策略等；二是需与自然、社会和生活相结合并且富有挑战性。只有这样才能培养学生的探究与创新能力。

（3）教师角色的转变。在研究性学习中，学生是学习活动的主体，教师也应从传统教学中知识的传递者变成学生学习的组织者和引导者。教师指导的前提是要尊重学生学习的主体地位，科学地引导学生主动完成研究性学习。

最后要表明的重要观点是：研究性学习强调学生在自主探索的过程中获取知识并且应用知识去解决问题，所以研究性学习的评价重在评价学生学习的过程而非其结果。

💬 参考文献

［1］王枫.高考改革背景下基于研究性学习的创新人才培养：上海市推进高中生研究性学习的调查分析与未来展望［J］.创新人才教育，2018（4）：52–56.

［2］焦洋.浅析研究性学习在高中数学教学中的运用［J］.才智，2018（35）：157.

［3］曹斌.研究性学习课程的教师指导策略探研［J］.成才之路，2018：59.

开设STEAM课程　提升核心素养

伴随着知识经济时代和全球化网络信息科技时代的到来，社会环境愈发呈现出复杂多变、快速变迁的特点。在以Goggle、Facebook、Twitter等为代表的"现代社会"及"后现代社会"当中，人们需要更加灵活，更加多样化的素养去适应这些快速、显著的变化。其中，以"创造性"为核心的创新素养作为应对未来复杂多变环境的重要条件，得到了国际与国内社会的普遍认同。具备高水平的创新素养，意味着个体能够在生活、学习、工作中有效解决各种问题，同时还意味着国家可以有效应对世界科技的迅猛发展和综合国力的激烈竞争，提升国际地位和影响力。因此，如何通过教育促进学生创新素养的获得与发展，是摆在各级各类学校面前的一项重大而意义深远的任务。

创新素养作为深圳市八大素养的"核心"成分之一，是逐步形成和发展的，在发展过程中会受到先天条件和后天环境等各种因素的影响。因此，从学校教育的角度来说，创新素养一方面需要保护，另一方面也是可教、可学的。根据国际相关研究，在这一方面STEAM教育可以发挥巨大的作用。

"STEAM"一词起源于"STEM"教育，指的是与科学（Science）、技术（Technology）、工程（Engineering）、数学（Mathematics）学科相关的教育。后来人们认识到完整的教育还需要把人文艺术（Arts）加入进来，STEAM教育由此产生。与传统的分科教学不同，STEAM教育将相关的课程进行有机交叉融合，相互协调作用，形成一个知识体系，并将其应用于实际问题的解决之中（见图1）。

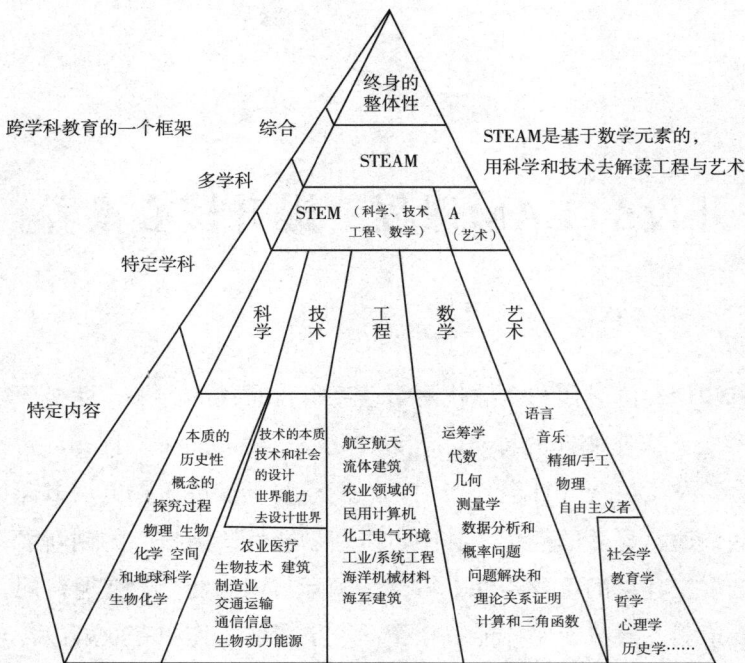

图1　STEAM教育项目课程结构

　　在核心素养的培养过程中，应重视跨学科思路，重视真实情境中的问题解决，以及强调全体学生的发展等方面，这些要求与STEAM教育所倡导的核心理念不谋而合。

一、STEAM课程的主要特点

1. 强调跨学科、跨领域，基于对培养学生核心素养尤其是实践创新素养的要求

　　教育教学应重视跨学科、跨领域的知识融合，而STEAM教育十分强调这一点。STEAM教育强调通过整合科学、技术、工程、数学和人文艺术等多个学科、多个领域的知识与技能，在传统上相互分离、各成体系的学科中间建立一座沟通的桥梁，使学生学习的分专业的、零散的知识变成一个相互联系、相互统一的整体，让他们能够从完整、系统的视角去认识世界，认识社会。在实现这些目标的同时，避免了传统分科教学存在的知识割裂现象，有利于学生形成跨学科或交叉学科的综合素养，有利于实践创新素养的形成。

2. 强调真实问题

核心素养特别是实践创新素养的培养不会只停留在理论与抽象层面，而会融入现实的问题解决中，重视问题解决的真实性、情境性。从某种程度上讲，学习是一种问题解决的过程，而增进学生的问题解决能力则是教育重要的目标之一。然而，注重书本知识的传统教育却恰好忽视了这一学习的核心含义，忽视了对学生实际问题解决能力的培养，从而导致在这种教育模式下培养出来的学生难以很好地适应社会生活，使学校教育与实际生活之间产生了严重的错位。

3. STEAM教育关注所有的学生

STEAM教育关注所有的学生，包括不同认知能力水平、不同性别、不同文化背景的学生。教育的多样化和多维度是STEAM的一大特点。在教育过程中，有特殊需求的学生往往会被忽视，这对于他们来说是不公平的。有研究指出，目前大量课程设计都是单一死板的，多样化程度不够，无法为有特殊需求的学生提供其所需的教育。STEAM教育能给予这些学生更多的关注，以使其得到应有的和有用的教育。

二、学校的主要实施措施与条件

STEAM教育在教学实施过程中应该体现前面所述的几个基本理念与特点，从跨学科、跨领域的角度，从开展实践、促进专长发展的角度，以及从真实情境中的问题解决的角度来培养学生的创新素养。为申报STEAM教育项目，我校主要实施措施如下。

1. 加强组织领导

学校要高度重视创建工作，切实加强领导，把STEAM教育项目的实施作为推进素质教育，创建校园文化，全面建设提升学生核心素养的一项重要任务来抓。要将STEAM教育项目纳入学校管理之中，纳入九年一贯制课程体系之中，要通过申报STEAM教育项目活动，全面开创学校有特色、学生有特长、竞赛有成绩、社会有影响的学校工作新局面。学校教学处负责牵头、组织、落实创建活动。还要将STEAM教育项目纳入常规教学计划和管理中，物理组、化学组、生物组、科学组、艺术组教师要各负其责，认真钻研STEAM教育项目的课程目标和性质，安排2名可以用英文交流的教师，认真配合训练与辅导。我校还可在"生命·智慧"课程的结构（见图2）下，将STEAM教育项目开发为个性化课程资源，把机器人、陶瓷器工艺、科技活动课、创客教育等课程与STEAM教育项目联系起来。通过上述多种方式实现的多学科领域交叉融合，必将对创新型人才的培养起到重要的作用。另外，总务处要全力做好STEAM教育项目硬件建设工作，确保STEAM教育项目申报的顺利实施。

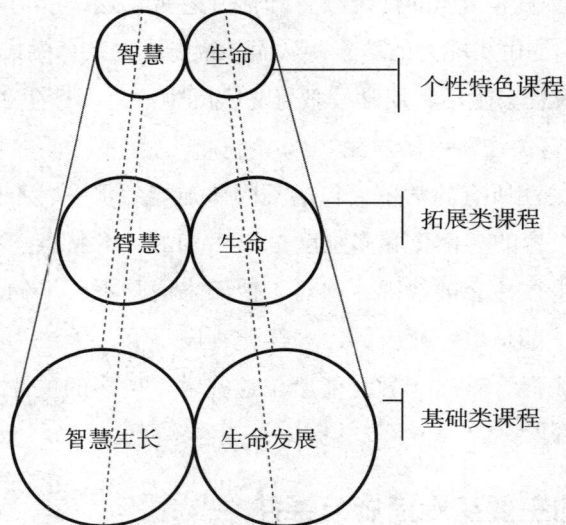

图2 "生命·智慧"课程结构

2. 强化教师培训

按《坪山区教育局与以色列教育机构合作开展STEAM教育项目的实施方案》要求，我校组织教师认真学习创建实施方案以及有关教育理论，加强对教师队伍的培训，根据实施工作的需要，适时聘请专家对教师进行培训和指导；组织教师到外地学习、参观，了解STEAM教育项目信息，掌握研究动态。积极为特色教师创设施展特长的平台，同时健全机构，形成STEAM教育项目科研网络，外聘内兼，壮大STEAM教育项目师资队伍，逐步形成一支由具有较高专业水平的STEAM教育项目的教育骨干和多位科学教师能手组成的科学教育师资队伍。

3. 完善设施设备

完善的设施、充足的器材是实现学校科学教育目标的物质基础，也是申报STEAM教育项目学校的基本保证。我校会充分利用和合理配置教育资源，依托STEAM教育项目，提供1间约100平方米的室内场所。场室设计含教学区、互动学习区、储藏区、机器设备区等，学校需采购相应设备（具体设备类型、数量和技术指标由合作机构与学校商定）。

学校还要不断改善、维护场地和设施，添置配备必要的器材，保证申报活动的正常开展。制定好STEAM教育项目教育场地、器材、设备的使用管理制度，做到借还登记，精心使用，严格管理。

表1　STEAM教育项目与创客教育的区别与联系

区别	教育	
	STEAM教育（或STEM教育）	创客教育
主要来源	教育系统发起，社会参与	社会文化引起，教育参与
是否需要引入社会参与	需要	需要
是否跨学科	强调跨学科	创作过程经常需要跨学科
是否解决真实情境的问题	强调真实情境的问题多数来自教师预设	强调真实情境的问题学生自己发现问题
学生是否要有产出	并非必须	一定要有
是否需要使用数字化工具	并非必须	大部分情况下需要
主要培养的素养品质	跨学科的思维能力解决问题的综合能力	独立的创造思维解决问题的综合能力
教师主要角色	设计者、组织者、讲授者、引导者	支持者
学生主要角色	参与者	创造者

4. 开展丰富活动

发展校园文化，活跃校园生活。我校会在每学期举办一次的学生科技节上，为参与STEAM教育项目学习的学生搭建施展创新素养的舞台，为科学创新苗子的脱颖而出构筑平台。通过科学实验竞赛、小发明创造，让学生全面参与。通过竞赛，发展学生的综合素养，培养学生的审美能力和创新能力。我校还准备建立STEAM教育项目社团，培养学生特长。各班成立STEAM教育项目小组，因地制宜积极开展丰富多彩的STEAM教育项目活动，组织学生自主选择活动项目。STEAM教育项目社团活动做到时间、场地、对象、教师"四落实"，计划、内容、组织、讲课、检查、考评"六到位"，努力做到校有特色、班有特点、生有特长。同时，我校还会将STEAM教育项目与社会相结合，带学生走出校门、走出国门、走向社会。还会开辟STEAM教育项目展室，向社会汇报STEAM教育项目的教育成果，积极参加地方组织的科技创新活动，把学校的STEAM教育项目推向社会。

我校对STEAM课程的评价方式如下：

（1）形成性评价与终结性评价相结合。STEAM教育项目的形成性评价与终结性评价是评价的一个重要方面，应予以充分的关注，在教学过程中经常进行。我校会采用观察、谈话、提问、讨论、实验等方式进行。

（2）定性评价与定量评价相结合。在STEAM教育项目教学活动中，对学生的兴趣爱好、情感反应、参与态度、交流合作、知识与技能的掌握情况等，可以用较为准确、形象的文字进行定性评价，也可根据需要和可行性，进行量化表格测评。

（3）结合《坪山实验学校学生评价手册》，实现多元评价。将STEAM教育项目学习融合到学生期末总体评价体系中，对学生课堂学习情况及课后查阅资料反馈情况进行定级。

指向物理核心素养的欧姆定律
单元整合教学教案

指向核心素养的物理课堂教学，最大的特征就是单元整合和问题化的教学设计。在教学目标的表达上，倾向综合素养的提升。在此基础上，笔者把初中阶段重难点章节"欧姆定律"重新设计，分为五个模块，每个模块的内容包括内容标准、教学过程与提示、学业要求，为了展现素养培养效果，有些模块还整理了课堂观察和教学反思。学生如果能按这五个模块进行学习，就可以达到提升物理核心素养的目的。之所以选择欧姆定律进行单元化、问题化的设计，是因为本章是初中物理的重点内容之一，欧姆定律是电学中的基本定律，它是进一步学习电学知识和分析电路的基础。本章是在学习电流强度、电压、电阻的基础上，通过探究电流、电压、电阻三者之间的关系，得出欧姆定律，最后介绍了欧姆定律的应用，测量一个导体的电阻的方法及安全用电。本章教材安排了三个探究活动：一是探究电流与电压、电阻之间的关系，二是探究电阻的串联与并联，三是探究怎样测量一个导体的电阻。这些探究活动的宗旨是培养学生利用物理现象和实验来处理信息的能力，让学生体验科学探究的乐趣，领悟科学探究的思想和精神。

第一模块：探究I与U，I与R的关系

一、内容标准

通过实验探究电流、电压、电阻三者之间的关系，能运用欧姆定律进行简

单的计算，通过探究过程，发现问题，提出问题，学习拟订简单的科学探究计划和实验方案，在实验中对控制变量法有更深入的理解。

二、素养培养目标

培养处理实验数据、归纳物理规律的能力，在实验探究的过程中形成实事求是的科学态度，体会科学家得出物理规律的不易。

三、教学重难点

重点是通过实验使学生知道导体中电流与电压、电阻的关系。难点是如何用实验的方法研究导体中电流与电压、电阻的关系。

四、教学方法

学生可以采用实验法、讨论法、练习法的学习方法，教师可引导学生，辅以讲授法、PPT辅助教学。

五、教学过程与提示

1. 提出问题

师：前面我们已经学过了电流、电压、电阻这三个物理量，大家有没有思考过它们之间的关系呢？换句话说，U和I之间有什么关系？I和R之间有什么关系？

2. 猜想与假设

生1：在电阻一定时，U越大，I越大。

师：你这样猜想有什么根据呢？

生1：我们可以把U比作压力，压力越大，它的作用效果就越明显。

师：用一句话来表述，就是"电压是产生电流的原因"。那么I和R之间有什么关系呢？

生2：R越大，I越小。

师：你猜想的根据是什么？

生2：因为电阻是阻碍电流的能力。

师总结：I与U和R都有关系，在研究中我们应该运用控制变量法。

3. 制订计划与设计实验

师：大家看到课本P75的虚线框了吗？请在方框内设计出实验电路，来探究I与U之间的关系。

学生在小组中相互讨论，发表自己的观点。在讨论过程中，教师提醒学生应始终把握实验目的，同时也要注意作图规范。

师：哪位同学已经画好了？上来展示一下。

生1：我设计的是先用一节干电池（见图1），再用两节干电池（见图2），增加一节电池就改变了电压，再观察电流表的示数就可以探究出I与U之间的关系。

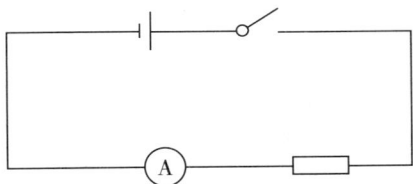

图1　一节干电池改变电压　　　图2　两节干电池改变电压

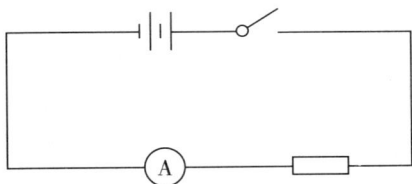

师：你把最后一句话重复一遍。

生1：增加一节电池就改变了电压，再观察电流表的示数就可以探究出I与U之间的关系。

师：大家觉得他的思路对不对？

生：对的。

师：很好，改变电压，电流变化了。如果我增大电压，发现电流变大了，我们可以得出怎样的结论？

生：在电阻一定时，电流随电压的增大而增大。

师：他的思路是对的。还有没有同学有不同的设计？讲错了不要紧，要大胆。

生2：这是我设计的电路图。这是个滑动变阻器，把它调到最大的时候，它分的电压最大，这个电压表测得的电压就会变小。如果把滑动变阻器的阻值调小，电压表测得的电压就会变大。

图3　利用滑动变阻器改变电压

师：很好，请回到座位上。调节滑动变阻器，电阻两端的电压变了，我们看电流变不变，看什么啊？

生：电流表。

师：很好，电压变了，我来看电流变不变。电流变了，我赶快看它们变化的规律。这位同学讲得很好。这个电路图可以满足我们探究I与U的关系。

生3：也可以探究I和R的关系。

师：这个也可以满足吗？我们刚才还要探究I和R的关系，我们的思路是什么？我们要改变什么，观察什么？

生：改变电阻，观察电流表的示数变化。

师：观察过这个电阻的电流后，如果我发现电阻变大了，电流变小了，就说明我的猜想是正确的。那要怎样操作才能达到目的呢？

生4：电压表可以测电阻两端的电压，然后我们看到，探究的是电阻和电流的关系，就可以改变这里的电阻，一开始这里的电阻是不变的，如果我们把电阻变大，那么经过的电流就会变小（见图4）。

图4　改变阻值

师：这位同学刚才讲了一个很重要的信息——要改变电阻的大小，我换一个定值电阻不就达到目的了吗？我换一个大电阻，发现电流变小了，是不是就和我的猜想一样了？

生：是。

师：但是有一个漏洞，漏洞在哪里？

生：控制电压不变！

师：很好，要记得我们现在在用控制变量法进行探究。我接着往下问，如果我把5 Ω的电阻换成10 Ω，电阻两端的电压怎么变？

生：变大。

师：那我应该怎样调节滑动变阻器？

生：把滑片向右移。

4. 进行实验与收集证据

师：很好，这两个同学的电路图都是正确的，但是第二个同学的电路图更好，美中不足的就是没有用铅笔和直尺。接下来，我们就按照这个电路图开始实验。哪个同学上来连接电路？

生5：我来。（伏安法实验操作如图5所示）

图5 伏安法实验操作

生：滑动变阻器没有调到最大阻值处。（生5改正操作错误）

师：请你读出数据。

生5：此时电压表的示数是0.8 V，电流表的示数是0.08 A。

师：接下来我们应该怎么做？

生6（取出一节干电池）：现在电压表的示数是0.4 V，电流表的示数是

0.04 A。

生7（滑动变阻器的滑片）：电压表的读数是1.3 V，电流表的读数是0.13 A。

生8（滑动变阻器的滑片）：现在电压是1 V，电流是0.1 A。

师：好，我来点评一下，刚才大家做得都很好。我们控制R不变，改变电压，同学们有两种做法，第一种是改变总电压；第二种是移动滑动变阻器，改变被测部分的电压。那么我们接下来还要探究I和R之间的关系，应该怎么做呢？要探究它们两者之间的关系，我就要改变电阻，但要保持电阻两端的电压不变。（把10 Ω的电阻换成 5 Ω，调节滑动变阻器使电压表示数为1 V）现在电流表的示数是多少？

生：0.2 A。

师：现在我再把电阻换成15 Ω，大家再看，现在电压表的示数是多少？

生：0.05 A。

5. 分析与论证

师：很好，大家来看一看我们刚才两个探究实验的数据，能得出什么结论？

生：在电阻一定时，电流与电压成正比。在电压一定时，电流与电阻成反比。

师：是的，这就是我们现在的欧姆定律的表达式$I=U/R$（板书）。我们来从数学的角度理解一下，电阻一定时，也就是分母一定，分子越大，也就是电压越大，分式的值也就是电流也会越大。反过来，分子一定时，分母越大，分式的值也就越小。这和我们的猜想是一致的，说明我们的猜想是正确的。

6. 评估

师：我们回过头来看一看整个实验操作过程，大家观察到了哪些不规范的操作？

生9：连接电路时开关没有断开。

生10：连接电路时滑动变阻器没有滑动到阻值最大的地方。

生11：画电路图不用铅笔和直尺。

师：大家都说得很好，请同学们以后注意作图和实验的规范问题。

7. 交流与合作

师：刚才我们已经通过实验数据得出了正确的结论，现在我们就来运用欧姆定律解决实际问题。大家抬头看看日光灯，现在假设日光灯的电阻是110 Ω，请大家计算通过日光灯的电流是多少？

生12（思考后）：2 A。

师：你是怎样计算的？

生12：因为家庭电路中的电压是220 V，根据欧姆定律$I=U/R$，计算得到电流为2A。

师：你说得很对，大家听懂了吗？

生：听懂了。

师：今天我们通过实验得出了欧姆定律，也学会了运用欧姆定律解决简单的实际问题，请大家课后完成练习册上对应的习题。下课。

板书设计

§ 探究I与U，I与R之间的关系

一、提出问题
二、提出猜想
三、实验验证
四、得出结论

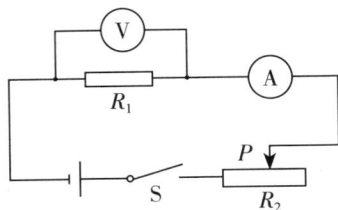

六、教学反思

本节课充分调动了学生的科学思维，整个教学过程鲜明地体现了指向物理核心素养的教学理念。教师非常注重学生的操作、观察和体验。在探究I与U的关系以及I与R的关系时，教师引导学生经历了一系列完整的科学探究过程，让学生自己发现知识，从而掌握科学的探究方法，逐步得出物理规律。在评价环节，教师组织学生互评实验操作，这是有科学责任心的表现，也是科学探究的必要步骤。这种方法往往让学生更容易发现自身的问题，从而进行自我矫正，有助于学生养成良好的思维习惯。随后教师引导学生运用规律解决生活中"通过日光灯的电流"这一实际问题，充分体现了"从生活走向物理，从物理走向社会"的学科教学理念。

第二模块：欧姆定律在串、并联电路中的应用

一、内容标准

理解欧姆定律，能用欧姆定律进行计算，能根据欧姆定律以及电路特点，推导电路中电压、电流、电阻的关系。

二、素养培养目标

在推导电阻的串并联表达式时，熟悉两种推导方法——理论推导和实验推导，并了解等效替代法的思维方法，形成一种科学的态度和责任。

三、教学过程与提示

1. 定标导学

师：上节课我们一起通过实验探究了I与U，I与R之间的关系，并且得出了一个结论，这个结论就是——

生：在电阻不变的情况下，U变大，I变大；在电压不变的情况下，R变大，I变小。

师：很好，大家看屏幕，这就是我们实验探究时采用的电路图，这个电路图非常重要，将会伴随大家整个初中的电学学习。现在我要提问了，上节课我们探究I和U的关系时，要使电阻两端的U增大，我们要怎么做？

生：把滑动变阻器的阻值调小。

师：很好。当我探究I和R的关系时，要保持定值电阻两端的U不变，应该怎么做？

生：调节滑动变阻器的滑片，保持电压表的示数不变。

师：对的。看来大家确确实实都掌握了整个实验的操作。上节课我们在实验数据的基础上得出了欧姆定律的表达式，那么今天，我们就来学习运用欧姆定律解决问题。请大家看导学案的"定标导学"部分，了解学习目标。

（生自学导学案"定标导学"部分，了解学习目标。）

2. 自主互助

师：在了解完学习目标之后，请大家完成导学案的自主互助部分。

（生开始完成"自主互助"部分的习题。）

师：请组长在同学们完成之后组织小组交流。

（生七嘴八舌交流本部分答案，讨论气氛热烈。）

师：有没有同学上来展示你的答案？

生1：串联电路中电流处处相等，各用电器两端电压之和等于总电压；并联电路中各支路电流之和等于总电流，各支路电压相等，等于总电压。

师：他的回答非常好，大家的答案和他一样吗？不正确的用红笔改过来。（生开始订正答案。）

3. 释疑深化

师：刚才的同学很标准地描述了串并联电路电流和电压的特点。我用更简洁的话来概括一下，就是八个字"串联分压，并联分流"。大家说是不是？

生：是！

师：那么"串联分压，并联分流"是怎样分的呢？电压和电流的分配遵循什么样的规律呢？如果两个电阻串联，电阻值大的那个电阻分得的电压是多还是少？

生：多！

师：是的，我以前教过大家，电阻大了，电流要冲开它，就需要更大的压力。这是定性的理解，现在我们已经学习了欧姆定律，就需要把它上升到定量分析的高度。请大家看导学案上的问题1，尝试解答。

（生开始钻研导学案上"释疑深化"部分的问题1。）

生2：U_3是3 V，U_2是1 V。

师：怎么算的？还是猜的？有没有同学能够站起来说一下你是怎么计算出结果的？

生2：我们可以设R_1两端的电压为$3x$，R_2两端的电压为x，它们相加等于4 V，解出来就可以了。

师：为什么R_1两端的电压是R_2两端电压的3倍呢？谁告诉你的？

生2：因为电阻越大，需要的电压越多。

师：是的，但比值关系一定是3∶1吗？为什么？

（生2沉默，坐下。）

生3：欧姆定律！串联电路中电流处处相等。

师：很好，大家听得懂他说的话了吗？

生：听懂了！／没听懂。

师：没关系，我现在来把这位同学的思路给大家解释一下。他说电流处处相等。现在假设电路中的电流为I，根据欧姆定律的变形式$U=IR$，R_1两端的电压$U_1=I_1R_1$，R_2两端的电压$U_2=I_2R_2$，所以$U_1：U_2=R_1：R_2$，而$U_1+U_2=4$ V，所以两个电阻两端的电压分别是3 V和1 V。大家理解了没有？

生：理解了。

师：那现在哪位同学能尝试着用文字来描述我们刚才得出的结论？

生4：电阻串联时，两端的电压之比等于电阻之比。

师：很好，是不是就是我们之前经常说的"电阻越大，分得的电压越大"啊？

生：是的。

师：好，我们已经讨论完了串联分压的规律，接着来看并联分流的规律。现在在并联电路中已知$R_1>R_2$，大家猜一猜经过它们的电流哪个更大？

生：I_2。

师：为什么啊？

生：因为电阻大，会阻碍电流通过。

师：是的，电阻就是阻碍电流通过的能力，这是定义的猜想；还有一种可能是公式的猜想，$I=U/R$，在U一定时，R越大，I越小。那么具体它们遵循一个怎样的分配规律，大家能不能在导学案上尝试用公式推导一下？

（生尝试完成导学案上的相应问题。）

师：谁可以上来尝试一下。

生5：我们可以看到R_1、R_2是并联的，它们两端的电压都等于总电压，那么就有$I_1=U/R_1$，$I_2=U/R_2$，所以$I_1：I_2=R_2：R_1$。

师：非常好，大家做笔记，并联分流，各支路分得的电流与各支路的电阻成反比。

（生在导学案上做笔记。）

4. 主体提升

师：我们来考虑下一个问题。有两个电阻，一个是5 Ω，一个是10 Ω，现在我把它们串联起来，总电阻是多少？

生：15 Ω。

师：你们的依据是什么啊？

（生沉默。）

师：我们先来做一个实验。先把5 Ω和10 Ω的电阻串联进电路，用电流表测出电路中的电流。大家读数，电流是多少？

生：0.16 A

师：现在我再用15 Ω的电阻来替换掉这两个电阻，合上开关，电流表的示数是不是一样的？

生：电流表示数是一样的。

师：这说明了什么？

生：把两个电阻串联起来，总电阻就是它们两个之和。

师：很好。电阻串联后的总阻值满足$R_{总}=R_1+R_2+\cdots$，大家在导学案上做好记录。

师：这是把电阻串联起来，如果我现在把电阻并联起来总电阻怎么变？

生6：变小。

师：你为什么这么说？

生6：因为相当于增大了导体的横截面积。

师：对的，决定导体电阻大小的三个因素是长度、材料、横截面积。把电阻串联在一起相当于增大了导体的长度，电阻会变大；那把电阻并联起来则是相当于增大了导体的横截面积，电阻就会变小。这是定性的分析，哪位同学能够用公式来推导一下？大家可以在导学案上试一试。

（生在导学案上开始尝试推导，片刻后组内同学开始交流讨论尝试解答这一难题，教师在学生中来回走动观察学生学习情况。）

生7：根据欧姆定律，在并联电路中$I=U/R$，那么经过R_1的电流$I_1=U/R_1$，经过R_2的电流$I_2=U/R_2$，根据并联电路的电流规律，$I_1+I_2=I$，可以推导出$I/R_{总}=I/R_1+I/R_2$。

师：很好，他说得很对。这个问题思维的核心就在于"并联分流"。最后我们得到的结论就是$1/R_总=1/R_1+1/R_2$，这就是我们得到的电阻并联的计算公式，大家赶快记到导学案上。

（生开始在导学案上做笔记。）

5. 评价小结

师：今天这节课我们学习的内容比较多，大家如果觉得没有十分清楚，也没有关系，课后我们会通过一些习题来巩固这些知识点。请大家课后认真完成作业。

四、教学反思

本节课知识容量较大，但教师在授课时能够做到深入浅出，始终抓住学生的注意力，导学案的设计也充分发挥了学生的主体性。教师对于探究活动的设计十分充分，探究结构完整，将理论推导和实验推导两种方法结合起来，并在实验推导过程中向学生渗透了"等效替代法"的思想，使学生科学素养的重要方面得到了提升。

五、学习效果检测标准

（1）串联电路的电流规律：＿＿＿＿＿＿＿＿＿＿＿＿＿＿＿＿＿＿。

（2）串联电路的电压规律：＿＿＿＿＿＿＿＿＿＿＿＿＿＿＿＿＿＿。

（3）并联电路的电流规律：＿＿＿＿＿＿＿＿＿＿＿＿＿＿＿＿＿＿。

（4）并联电路的电压规律：＿＿＿＿＿＿＿＿＿＿＿＿＿＿＿＿＿＿。

（5）在如图6所示的电路中，已知R_1，R_2两端的总电压为4 V，$R_1=3$ Ω，$R_2=1$ Ω，试分别求出R_1，R_2两端的电压U_1，U_2。

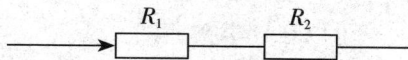

图6　电阻串联

（6）在如图7所示的电路中，已知$R_1>R_2$，试推导经过R_1的电流I_1和经过R_2的电流I_2之间的关系。

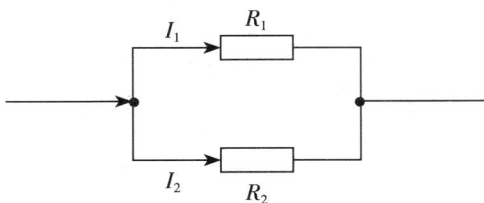

图7 电阻并联

（7）已知$R_1=5\ \Omega$，$R_2=10\ \Omega$，现将它们串联在电路中，试求总电阻。

（8）已知$R_1=5\ \Omega$，$R_2=10\ \Omega$，现将它们并联在电路中，试求总电阻。

第三模块：伏安法测量电阻

一、内容目标

知道伏安法测电阻的原理；会用伏安法测量未知电阻的阻值；通过实验对电阻的测量，了解欧姆定律的应用。

二、素养培养目标

通过探究养成协作的意识；在实验过程中，培养实事求是的科学态度。

三、教学过程与提示

1. 提出问题

师：前面我们探究欧姆定律的时候用到了5 Ω、10 Ω和15 Ω的定值电阻，现在我用白纸将电阻的铭牌遮住，这时我们要怎样去测量一个未知电阻的阻值？请大家小组讨论实验方案，设计实验电路图。

2. 猜想与假设

学生进行小组讨论，尝试提出测量电阻阻值的方法。

3. 制订计划与设计实验

师：哪位同学有思路了？大家都要开动脑筋，思考问题。我可以提供一个公式给大家参考，$R=U/I$。

生1：先用电流表和电压表测出电阻的电压和电流，然后套用公式。

师：思路很简单，但是是正确的。你上来把电路连接一下吧。

（生1上讲台连接实验电路，如图8所示。）

图8　学生上讲台连接实验电路

生：开关没有连接进电路！导线交叉！（提出操作中出现的问题。）

师：好了，我来看看能不能调整一下她连接的电路，画出电路图。（画电路图）

师：大家看黑板，她这个电路连接的方位不太好，很多导线都交叉了，我想调整导线的位置，又不改变她最初的设计，有点难。我现在就把她的电路图画到黑板上，大家注意看。

生：开关呢？

师：她没用开关。大家看两个电表的指针都偏转了。来，读数。

生：电压表的示数是2.45 V。

师：电流表的读数呢？

生：0.23 A。

师：所以这个电阻的规格是多少？

生：10 Ω。

师：刚才这位同学一下子就把10 Ω的电阻找到了，非常好！现在我们来找问题。

生2：没用开关。

生3：她没用滑动变阻器。

师：为什么要用滑动变阻器啊？

生3：保护电路。

师：还有没有其他问题？

生4：导线交叉了。

师：好，那我再请一个同学上来，按照大家刚才的想法连接电路图，正式开始实验。

（进行实验与收集证据。）

师：哪位同学愿意上台来实验？

（生5上台连接电路，如图9所示。）

图9　学生上台连接电路

生：滑动变阻器要调到最大。

生5：电压表的读数是0.8 V，电流表的读数是0.08 A。

师：你的实验做完了吗？

生：重复实验。

生5（移动滑动变阻器的滑片，再次读数）：这一次电压表的示数是0.9 V，电流表的示数是0.09 A。

师：很好，他在移动滑动变阻器之前注意了要断开开关。接着做。

生5（再次调整滑片位置）：电压表的读数是1.2 V，电流表的示数是0.12 A。

（断开开关）

4. 分析与论证

师：好，那你得出了什么结论？这个电阻的阻值是多少？

生5：根据欧姆定律，这个电阻的阻值是10 Ω。

师：很好！

5. 评估

师：很好，这就是利用伏安法测电阻的基本操作，实验电路图大家可以在课本上清楚地看到。

师：总的来说，这位同学的实验做得非常好，我来点评一下。他的操作十分规范，他注意在闭合开关前将滑动变阻器的阻值调到了最大，在做完一组数据之后，我提醒他，他又调整滑片重复实验多次，读出了多组数据，使实验结论更可靠。最后完成实验后他及时断开了开关。操作非常规范，大家都要向他学习。

6. 交流与合作

师：今天两位同学上台做了演示实验，他们用了不同的电路，得出了相同的实验结论，哪位同学来点评一下？

生6：第一位同学没有用滑动变阻器，第二位同学用了。

师：为什么要用滑动变阻器？

生6：滑动变阻器在实验中起到了保护电路的作用。

生7：滑动变阻器方便调节电压，可进行多次实验。

师：大家都说得很好，请大家做好笔记，注意这些问题，下节课我们一起去实验室用伏安法测量未知电阻的阻值。

四、教学反思

本节内容是对欧姆定律的应用，既有联系实际的意义，又能培养学生的动手操作能力和分析能力。本节可以看作是本章知识的总结，因此在教学中应当让学生有足够的运用知识分析和解决问题的机会。教师十分注重教学中科学探究过程的完整性，请学生上台演示实验这一方式，让台下的学生清楚地观察到同学的操作，更容易认识到操作中存在的问题，易于矫正，有助于养成学生良好的实验习惯。整节课，学生的情绪高涨，讨论热烈，能够充分地展示自己。

第四模块：学生实验——伏安法测电阻

一、目标内容

知道伏安法测电阻的原理、电路图；会用伏安法测量某段导体的电阻；通过动手实验深入了解欧姆定律的应用，学会用欧姆定律解决电学中的电阻问题。

二、素养培养目标

通过动手实验感悟科学探究过程，提升实验探究、小组合作交流的素养，培养实事求是的科学态度。

三、教学重难点

学会利用伏安法测电阻，伏安法测电阻实验电路图的设计，利用伏安法测电阻。

四、教学过程与提示

1. 设计实验

师：前面我们已经学习了I与U，I与R之间的关系，一起来回顾一下。

生：在R不变时，I与U成正比；在U不变时，I与R成反比。

师：很好，这就是我们所说的欧姆定律，用公式来表示就是$I=U/R$。我们试着把这个公式变一下形，把R放到等号的左边，可以得到什么？

生：$R=U/I$。

师：对的。上节课我们就利用这个公式来请同学上台测量了未知电阻的阻值，大家还记不记得这种测量未知电阻阻值的方法叫什么？

生：伏安法。

师：看来大家都还没有忘记。今天这节课，我们要做这样几件事情，请大家听清楚我的要求。首先，我们花一点时间来验证一下I与U和I与R之间的关系，然后利用伏安法来测量未知电阻的阻值。在今天的实验中，我们会得到很多组数据，所以我们现在就要设计一组用来填写实验数据的表格（见表1～表3）。大家跟着我一起画在实验记录本上。

表1 *I*与*U*的关系

I（A）				结论
U（V）				

表2 *I*与*R*的关系

I（A）				结论
R（Ω）				

表3 利用*R=U/I*测*R*

U（V）			
I（A）			
R（Ω）			

（学生跟随教师的节奏在实验记录本上画下数据记录表格。）

师：好，画完了实验记录表，我们还需要设计实验电路图。谁愿意在黑板上画一画？上一节课我们已经测量过一次，大家不要心慌，谁来试一试？

（生1举手上前作图。）

师：好的，请回到座位上。我们大家一起来给他画的图挑挑毛病。

生2：要加个开关。

师：很好。我们在前面学过，电路的四个要素是？

生：导线、用电器、电源和开关。

师：那请一位同学上来修改一下实验电路图。

（生3举手上台修改电路图，修改后的电路图如图10所示。）

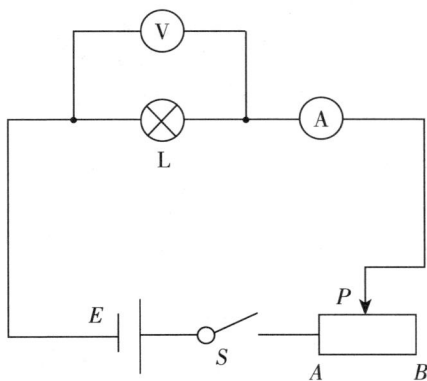

图10　生3修改的电路图

2. 进行实验

师：有了数据记录表格和实验电路图，我们在实验之前再复习一遍实验步骤。大家跟着我一起回忆。首先要按照电路图连接好电路，然后滑动变阻器要怎样操作？

生：调到阻值最大处。

师：在连接电路时开关要怎么样？

生：处于断开的状态。

师：接下来我们就要开始读数据了，读取数据后要及时断开开关。一组数据具有偶然性，所以我们要怎么做？

生：重复实验多次。

师：很好，看来大家对实验步骤已经了解清楚了。现在大家看桌面上的实验器材，我们今天用到的电源大家以前没有见到过，是学生电源，红色接线柱代表电源的正极，黑色接线柱代表电源的负极。中间的旋钮可以变换挡位来调节电源的电压值。接好电路之后，将电源开关打开，就可以开始实验了。

（学生操作学生电源，如图11所示。）

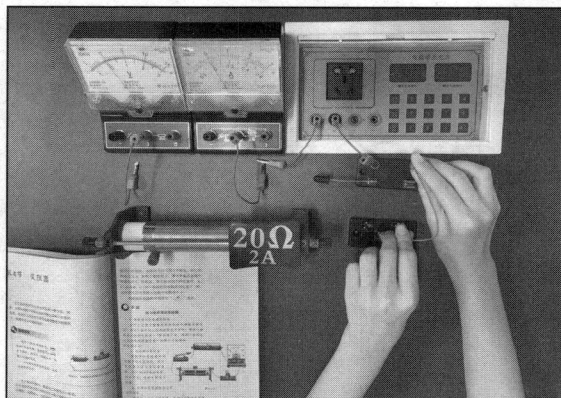

图11　学生操作学生电源

师：大家还有没有什么问题？（生沉默）如果没有就开始实验。在实验过程中如果遇到问题就互相讨论一下，实在不懂的就举手问我。

（学生小组纷纷开始实验，教师在实验室中巡视，及时解决学生的问题。学生实验操作如图12所示。）

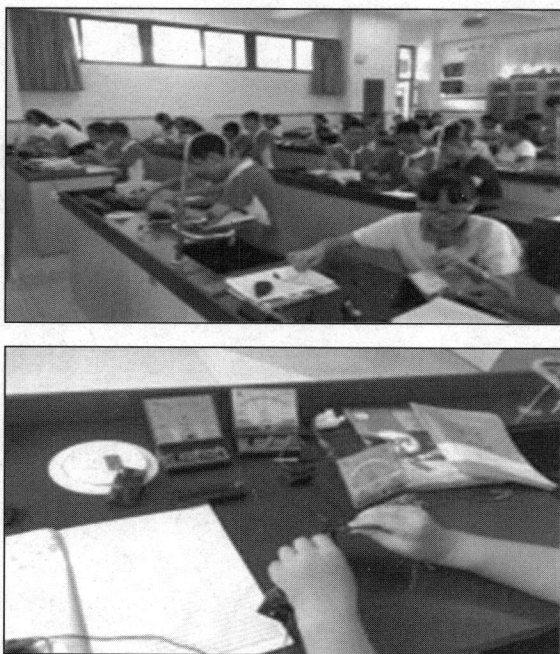

图12　学生实验操作

师：有没有同学做完了？做完的同学举一下手。

生4：我们组都测完了。

师：好，做完的同学仔细看一下实验台，实验台上还有一个小灯泡，你们再测量一下这个小灯泡的电阻。

（学生接着实验。）

3. 分析和论证

师：好，大家基本上完成了实验，我们来解决一下大家在实验过程中遇到的问题，没有完成的同学也请先停下手中的事情，跟上我的节奏。我在大家做实验的过程中一直在观察大家的情况，我发现有几个小组没有得到数据都是因为滑动变阻器的滑片和电阻丝接触不良。那有没有小组遇到同样的问题自己解决了？

生5：我们也遇到了这个问题。用手捏住滑片，等两个表的数据稳定下来之后赶快读数就可以了。

师：很好。在实验时一旦发现了电路故障，要尝试去找问题、排故障。说完了实验中遇到的问题，我们来看一看实验数据。刚开始我给出的数据记录表格实际上犯了一个同学们经常犯的错误，有没有人发现？

（生沉默。）

师：大家都不作声，那我自己来说。在前面两个表格中，我们应该把I和U，I和R的位置互换，这是由自变量与因变量的关系决定的。电压是产生电流的原因，电压的变化引起电流的变化，所以我们在分析数据的时候，只能说在R一定时，电流与电压成正比，而不能说电压与电流成正比。大家听懂了没有？

生：听懂了。

4. 得出结论

师：好，那我们现在就来分析实验数据。大家根据实验数据可以得出怎样的结论？大家测出未知电阻的阻值了吗？

生6：我们组的实验数据验证了I与U，I与R之间的关系：在R一定时，I与U成正比；在U一定时，I与R成反比。

生7：我们也验证了I，U，R之间的关系，我们还测得电阻的阻值是10 Ω。

师：看来大家的实验做得很成功！我记得刚才有一个小组提前做完实验，我让他们接着测小灯泡的电阻，你们测出来了吗？

生4：我们测了几组数据，但是小灯泡的电阻一次比一次大，有问题，测了5次都测不出来。

师：同样是用伏安法，我们可以测出定值电阻的阻值，却测不出小灯泡的阻值，这是为什么？这个问题留给同学们课后思考，下节课我们接着讨论。今天的实验课就到这里。下课！

五、教学反思

在上节课演示实验的基础上，本节课教师将全班学生带入实验室进行分组实验，验证I，U，R三者之间的关系，利用伏安法测量定值电阻的阻值，学生有一定的知识储备，显得不慌乱，实验课的效率高。同时，教师对课本实验器材进行了调整，将干电池换成了学生电源，数据更准确，也拓宽了学生视野，与中考实验题挂钩。授课过程中，教师始终注意联系旧知识，使学生融会贯通。在笔者看来，本节课亮点在于：①教师在给出实验数据记录表格时有意或无意犯下小错误，在分析数据时师生共同讨论，理清自变量与因变量的关系，给学生留下深刻印象，避免反复犯错；②教师给了提前完成实验的学生附加任务——测小灯泡的电阻，让每个学生充分活动，也为下节课的拓展部分提供了讨论的内容。整体看来，这是一节效率极高，学生讨论充分，值得学习的学生实验课。

第五模块：学生实验——伏安法测电阻实验分析

一、内容目标

知道小灯泡的电阻随温度变化的原因；了解伏伏法、安安法测电阻的原理，强化欧姆定律的应用；通过理论推导建立对伏伏法、安安法的了解并与伏安法建立起本质联系。

二、素养培养目标

联系科技前沿，增强学生对物理学科的兴趣。

三、教学重难点

理解小灯泡的电阻随温度的变化而变化的原因；了解其他两种测未知电阻的方法并与伏安法相联系。

四、教学过程与提示

师：开始上课之前，先来回顾一下上节课我们在实验室里做了什么事情。我们一起通过这样一个实验电路图（板画）做了两件事情：首先，我们验证了 I 与 U，I 与 R 之间的关系，接着我们通过伏安法测量了定值电阻的阻值。除此之外，我记得还有同学完成了附加的实验任务，测量小灯泡的电阻。

生：他没测出来。

师：对，我也记得他测得了5组数据，但是小灯泡的阻值一直在变，没测出来。我让同学们课后思考原因，大家有没有想法？

（生沉默。）

师：这样吧，我们请他把实验数据写到黑板上，大家一起来分析。

（生1上台板书实验数据，见表4。）

表4　实验数据

U（V）	0.4	0.7	1.0	1.5	1.9
I（A）	0.08	0.1	0.12	0.14	0.16
R（Ω）	5	7	8.3	10.7	11.875
$\bar{R}$=8.575 Ω					

师：好的，请你先回座位。我们大家一起来看一下，同样用伏安法来测阻值，小灯泡的阻值变大得很明显，这是怎么回事呢？有没有同学知道？

生2：电压变大吧。

生3：不可能，电阻是导体本身的一种属性，与加在它两端的电压无关。

师：哦，是的。我们以前学过，不知道大家还记不记得，影响电阻大小的因素有哪些啊？

生：材料、长度、横截面积。

生4：还有温度。

师：很好，要的就是这个答案。大家每次回答这个问题，都容易漏掉"温度"这个因素。我们今天来将这几个因素分一下类，分成内因和外因。很明显，导体的材料、长度、横截面积这三个因素属于什么？

生：外因。

师：那温度呢？

生：内因。

师：好，那我们回过头来解决小灯泡的电阻变化问题。大家想一想，随着小灯泡两端电压的增大，灯丝的温度会怎么变？

生：升高。

师：对的，接着来。小灯泡两端的电压增大，灯丝的温度就升高，温度是影响电阻大小的外因。一般来说温度越高，电阻就越大。这一点，我们可以从两个方面来理解：第一个是从分子热运动的角度看，温度越高，分子的热运动就会怎样？

生：越剧烈。

师：分子的热运动就越剧烈，形象地看，电流受到的阻碍就越大，所以电阻就大。第二个我们也可以从超导体的角度来看，当温度下降到某一临界温度时，导体的电阻就会突然趋于零，也可以推出温度越高，导体的电阻越大。大家听懂了没有？

生：听懂了。

师：好，弄清楚了为什么5组数据测得的小灯泡的阻值越来越大，我们再来看这份实验数据记录表，帮他找一找问题。大家开动脑筋思考，这位同学在数据处理上有没有问题？

生5：不能求平均值吧？

师：你说说看为什么这么讲。

生5：因为小灯泡的电阻受温度的影响变化太大了，求出的平均值究竟是对应了哪个温度值呢？

师：很好，他说得非常正确，"对应"这两个字用得很有水平！由于小灯泡的电阻受温度的影响变化太大，求平均值根本没有意义。所以用伏安法测小灯泡的电阻，只能在指定的工作状态下进行，也就是说，我们只能测指定电压下对应的电阻。大家记一下。

（生认真做笔记。）

师：到目前为止，我们都是用这个电路图来测量未知电阻的阻值的，是不是只有这一种方法可以测量未知电阻的阻值呢？

生：可能还有其他的方法。

师：不要瞎猜，要有根据。我现在给大家两个电路图（见图13、图14），其中定值电阻R_0阻值已知，大家动笔算一算，看看根据这两个电路图能不能测量出未知电阻R_x的阻值。

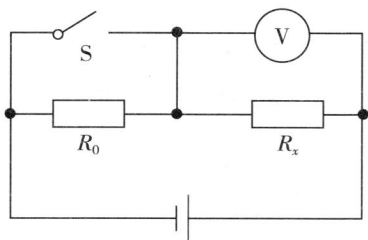

图13　分压法测电阻　　　　　图14　分流法测电阻

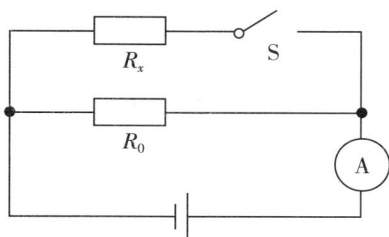

（生纷纷动笔计算，与同桌交头接耳，教师巡视，观察学生的解题情况。）

师：好，时间到，大家做出来没有？这些电路图能不能测量出R_x的阻值？

生：可以！

师：一个一个图来看，第一个图谁来说说看？

生6：第一个图开关S闭合时电压表测的是电源电压，断开时测的是R_x两端电压，我们也就可以算出R_0两端的电压，由串联分压的比例式就可以计算出R_x的阻值了。

师：你算出来没有？

生6：嗯，$R_x = \dfrac{U_2 R_0}{U_1 - U_2}$。

师：大家有没有不同意见？

生：没有。

师：他的答案是正确的，过程大家听清楚没有？

生：听清楚了。

师：接着来，谁来说说第二个图。

生7：这个跟第一个差不多，用并联分流可以算出来$R_x=\dfrac{(I_1-I_2)\,R_0}{I_1}$。

师：先不忙着说答案，给大家讲一下你的思路。

生7：首先把开关闭合，记下此时电流表的读数是I_1，测的是干路电流；再断开开关，此时电流表的读数是I_2，是过定值电阻的电流，所以经过未知电阻的电流就应该是I_1-I_2，根据并联分流的比例式$(I_1-I_2)：I_2=R_x：R_0$，可以求出$R_x=\dfrac{(I_1-I_2)\,R_0}{I_2}$。

师：很好，思路非常清晰，表述也非常到位，大家以后发言也要向他学习，请坐。现在大家花一点时间整理一下笔记，不清楚的地方相互讨论一下，也可以举手问我。

（生整理笔记，互相讨论，教师巡视，解答学生的问题。）

师：为什么我要把这两个电路图拿出来呢？大家要看清这两种方法的实质。不论是哪种方法，在思考的过程中，我们始终要寻找未知电阻两端的电压和经过它的电流，两者的比值就是我们要求的电阻值，这一点在最后答案的表达式上体现得很明显。以后如果再遇到类似的问题，大家的思路首先要明确，要求谁的电阻，就去找它对应的电压和电流，两个相除，问题就解决了。希望通过今天的讨论，大家能够对伏安法有更深刻的理解。课后请大家完成练习册上相应的习题。下课！

五、教学反思

本节课主要分为两部分内容：一是对前一节学生实验课上遗留问题的深入研究，二是对多种测量未知电阻值方法的拓展学习。教学活动中，气氛非常活跃。在前一部分，教师从多个角度引导学生认识温度与阻值之间的关系，既考虑到学生的接受水平，又联系现代科技；在后一部分，教师拿出伏伏法、安安法两个电路图让学生自主学习，强化了学生对欧姆定律的应用，加深了学生对伏安法的理解。

板书设计：

伏安法测电阻

一、小灯泡的电阻为什么随温度的升高而增大？

1.分子热运动。

2.超导体。

二、其他测量未知电阻阻值的方法：

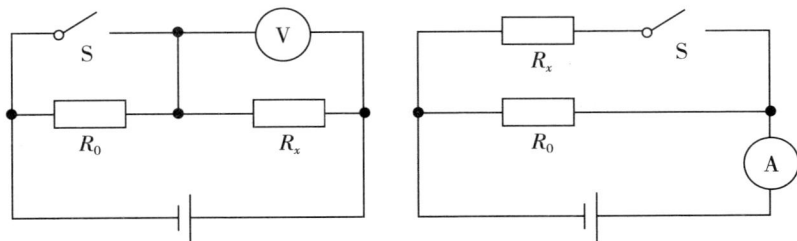

初中物理实验教学创新实践研究

在当前的初中物理课堂实验教学改革中，很多物理教师受到教学理念、升学压力等多方面的影响和制约，演示实验的意愿不够强，有的演示实验也是照本宣科，部分优秀学生不喜欢动手，更谈不联系生活实际，培养科学思维，这些因素导致物理实验教学改革发展缓慢。随着以"立德树人"为教育方向的核心素养概念的提出，对学生科学精神这一文化基础的要求越来越高，越来越多的物理教师开始意识到物理实验教学的重要性。为了适应新时代的发展，教师不仅要完成基本的实验教学，更要对实验教学进行创新，以符合核心素养对学生提出的要求。笔者根据自己的经验，对初中物理实验教学创新实践进行了研究。

一、物理实验教学创新的实施意义

1. 规范演示实验，培养严谨的科学精神

在《后汉书》中有一句名言警句，"以身教者从，以言教者讼"，说明了身教胜于言传的道理。如果一位平时连演示实验都不做的教师突然让学生回家自制一个简单的物理教具，你认为会有多少人能完成？因此，在课堂上教师给学生演示操作规范的实验，引领学生科学地理解物理实验，是提升学生物理核心素养的必经途径。比如在碘升华的实验中，固态碘的沸点是184.35℃，如果按图1所示的用酒精灯外焰加热，固态碘很容易液化甚至沸腾，即使物态变化为碘蒸气，很大一部分也是汽化得到的。规范的实验操作应该是如图2所示的水浴法加热，这样，碘在100℃以下就不会液化，得到的碘蒸气也是由碘的固态形态直接升华而来的。这样规范、严谨的实验操作，让学生充分理解了"升华"这个物理概念，达到了提升学生物理学科核心素养的目的。

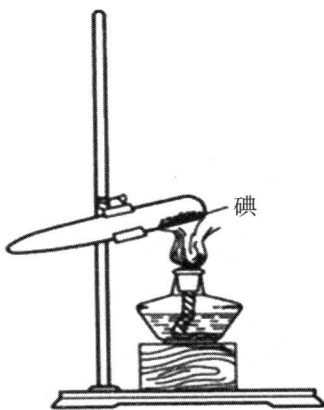

图1 酒精灯加热碘升华　　　　图2 水浴法使碘升华

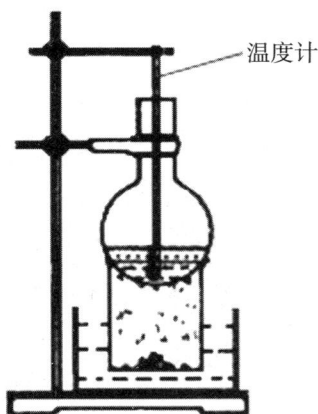

2. 有效设计实验，促进学生科学思考

物理学是一门自然科学，以实验作为检验理论是否正确的唯一标准。中学物理中的许多物理规律都需要建立在实验的基础上，实验以直观的演示，加深了学生对知识的理解和记忆，培养了学生的科学思考习惯。比如在牛顿第一定律的学习中，学生对于质量决定惯性大小始终理解得不够深入，在这种情况下，教师就可以设计与学生的猜想相反的实验，来加深学生对惯性知识体系的构建。这个实验如图3所示：矿泉水瓶中有一个气泡，当水瓶向右做加速运动时，瓶中的气泡也会向右方运动。这个实验现象充分说明了质量是决定惯性大小的唯一因素。

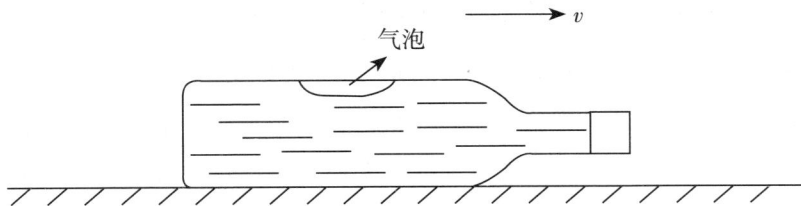

图3 水瓶中的气泡在运动时的演示图

3. 创新地改进实验，提升教师教学水平

为了创新地改进一件简单的实验教具，教师需要多次尝试多种实验器材。为此，教师应深入了解教材，研究实验教学，主动参与并推动物理实验研究。

图4 养生壶

以最简单的"观察水的沸腾"实验为例，教师可以选择养生壶来做这个实验，如图4所示，与教材实验用酒精灯进行加热相比，800 mL的水由初温加热到沸腾，不超过5 min，并且这个养生壶有保温功能，如若还想节省时间，可以在实验前就把水加热到80 ℃，实验时再重新加热，整个过程只需不到2 min的时间。学生可以直接从面板上读出温度，可以专注地观察气泡的生成，如若错过观察，还可以多次重复实验。整体来看，用养生壶做这个实验有以下优点：

（1）养生壶是透明的玻璃，非常有利于观察实验现象。

（2）"烧水"功能功率可达1000 W，将800 mL的水由初温加热到沸腾只需5 min。

（3）养生壶自身就有温度显示，比读温度计更准确，同时降低实验难度。

（4）用养生壶比用酒精灯更安全，更环保，更方便。

（5）真正体现物理源自生活。

（6）学生课后可以在家多次实验。

（7）养生壶价格实惠。

在这个简单的实验创新改进过程中，教师对新课标的把握、对重难点的处理、对教法和学法的掌握，为教学水平的提升提供了必要条件。

二、物理实验教学创新的实施策略

1. 加强设施建设，提高实验教学的开放性

作为实验教学的基础设施，实验器材的作用很关键。学生平时只有在上实验课时才会接触到实验器材，在做一些实验时还会出现人多器材少的情况。因此，加强实验室的设施建设变得尤为重要。一方面，可以根据学校的实际情况开设科技社团、兴趣小组，安排物理教师在实验室值班。这样不但可以保证学生的安全，及时帮助学生解决实验过程中遇到的困难，还可以使学生在教师的指导下进一步探究以拓展知识。另一方面，需要及时更新实验室器材，在确保一定器材数量的同时提高器材的质量。这样不仅给学生提供了一个便利的实验

探究环境，还让一些常年被锁在实验柜中的实验器材得到更有效的利用。

2. 自制教具，增强实验教学的探究性

自制教具，不一定需要多么精密的仪器，有时可能只需我们手边的瓶瓶罐罐。如一个塑料瓶、一截吸管和一枚回形针就可以组成一个浮力教具"浮沉子"。一个苹果加上铜片、锌片，再加上一个发光二极管就可以完成"化学能转换为电能"的水果电池实验。又如在给学生讲"重心"概念的时候，教师提出了一个问题：如何让铅笔竖立在手指上而不掉落下来？面对这个问题，学生首先尝试将铅笔直接立在手指上，但均以失败告终，经过课后的讨论，学生得出了只有降低重心才能站得住的结论，于是就有了图5。自制教具不是简单的器材拼凑，而是在物理实验的基础上拓展探究的范围和深度，这不仅增强了实验教学的探究性，更提高了学生物理实验的探究能力。

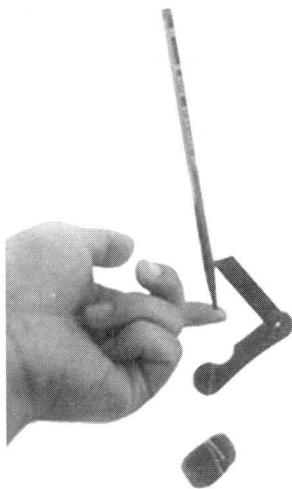

图5　铅笔稳定示意图

3. 联系物理日常，促使实验教学生活化

义务教育阶段物理课程的基本理念要求是从生活走向物理，从物理走向社会。但是学生大部分时间是在学校，不同学科的学习占据了学生大部分的时间，放学后学生也会花很多时间来完成家庭作业，物理知识的学习和生活基本脱节，更不用说走向社会了。这时教师应鼓励学生将物理实验生活化，联系生活日常，将书本上的物理概念转化为学生所认识的大千世界。在"光的色散"实验中，学校实验室提供了三棱镜，但是在家中有没有此类现象呢？学生经过认真观察发现：有透明奖杯的色散现象，有水晶吊灯的色散现象，有阳光下洒水的色散现象。学生发现物理就在他们的生活中，这大大增强了物理实验的趣味性，提高了学生对物理的兴趣，同时也会习惯性地从生活中寻找物理。

4. 应用现代手段，促成实验教学信息化

随着当今科学技术的不断发展，网络技术与教育领域已逐渐融合，一场信息化的教育技术变革正在悄悄发生。在互联网时代，网络具有高效、快捷、方便传播等特点，在中学生的学习和生活中发挥着不可替代的作用。

合理娴熟地使用网络技术，通过会声会影的视频编辑、Photoshop的图片编辑、Camtasia Studio的视频录制以及实物展示台等，能够解决课堂演示操作烦琐、容易失败、现象不明显等问题。

综上所述，初中物理实验教学的发展和创新，离不开所有物理教育工作者对物理实验教学的热爱和探索。物理教师参与并推动物理实验教学及创新，可为学生物理核心素养的培养奠定扎实的基础。

💬 参考文献

［1］花均.利用网络技术优化物理实验教学之我见［J］.中学物理（初中版），2015，33（11）：59-60.

［2］邹前宝.关于多媒体在初中物理教学中运用的思考［J］.中学物理（初中版），2015，（11）：60.

初中物理实验教学应用的研究

在初中物理教材中，有着大量的联系生活的实际案例，同时，物理是一门以观察、实验为基础的自然科学，在物理课的教学中要让学生弄清物理学的本质，学会物理学习的过程与方法，培养学生的科学素养，开发学生的思维，都要建立在物理实验的基础上。学生通过物理实验和观察身边有趣的物理现象，逐渐对物理产生浓厚的学习兴趣和动机，从而带着问题、带着思考，去发现问题、研究问题、解决问题。

物理的概念和规律大多是在实验、观察、分析、推理的过程中建立起来的。学生只有在实验中才会经历知识的获取过程，从而建立物理概念和规律，才会灵活运用所获得的知识去解决相关的物理问题。如果脱离了实验，学生获得的只是空洞的物理知识，时间一长，学生大脑中的这些结论性的概念和规律就会慢慢淡化，甚至被遗忘，知识与应用就会脱节。

从以上观点来看，物理实验教学有着以下几个方面的应用。

一、运用物理实验激发学生学习的动机和兴趣

在物理课教学中，应该将学生学习兴趣的激发放在首位，注重引导学生在实验探究中发现学习的乐趣。

在教育技术的范畴内，有大量的教学软件，这些教学软件如果应用合理，将会极大地调动学生的学习兴趣。"凸透镜成像规律的探究"是八年级物理知识点中的重点和难点，而这个实验有相对应的教学软件作为支撑，如果将该软件运用到课堂教学中，使仿真实验与演示实验有机结合起来，随着蜡烛的拖动，就可以得出非常精确的物距、像距、焦距之间的关系，效果非常好。笔者曾经做过尝试，先用仿真实验给学生示范，再让学生实验操作，学生实验操作

过程与原来相比显得得心应手，观察到的实验现象更加明显，得出的实验结论更为准确。在传统教学手段的基础上，有机结合教育技术与学科知识，可以极大地激发学生的学习兴趣，增加了课堂容量，提高了课堂教学效率。

二、运用物理实验设计新课引入

优秀的新课引入会给高效课堂打下坚实的基础。同样，如果教师在课前不精心准备第一节课的教学内容，匆匆忙忙、随随便便就进入教室给学生上课，教师在学生心中的形象就会大打折扣，学生对教师的信赖就会毁于一旦。如果教师认真备好新课引入，继而完美组织一堂课，学生就会"亲其师，而信其道"，正所谓"良好的开端是成功的一半"。

八年级物理的第一节课是《科学之旅》，不是简单教学生物理知识，而是让学生了解什么是物理，物理所研究的对象，师生一起探讨物理学习的方法，从而激发学生学习物理的兴趣。课前，教师精心设计教学内容，课中以有趣的物理实验为平台，让学生去观察实验，感受自然现象的神奇和奥妙，带着问题走进物理课，从而对学习产生内在驱动力。

课前，笔者按力、热、声、光、电、磁学科准备实验器材，精心设计简单而有趣的实验。课中，按照准备的实验器材进行演示实验、分组实验、个体实验，让学生通过观察、动手、动脑认识到物理是有趣的，是研究力、热、声、光、电、磁等现象的自然科学。再通过列举物理知识应用的实例让学生明确物理是有用的，告诉学生要想学好物理必须掌握学习方法，学习方法应注意三个方面：①重视观察和实验；②勤于思考，着重理解；③联系实际，联系社会。最后让学生通过阅读《伽利略对摆动的研究》让学生了解科学探究的步骤：提出问题、猜想或假设、设计实验、进行实验、分析和论证、评估、交流。

如果实验准备充分，学生肯定会对物理课产生兴趣。这节课虽然不涉及物理考试的内容，但通过大量的有趣实验可以把学生的兴趣引到探索科学奥秘上来，为以后持续发展打下基础。

三、教会学生运用各种思维方法探究物理规律

初中物理学习阶段常用到的物理实验思维方法有：控制变量法、模型法、推理法、类比法、转换法、等效替代法等。

1. 控制变量法

控制变量法是在研究某个物理量与多个物理变量间的关系时，每次只改变其中的某一个因素，而控制其余几个因素不变，从而研究被改变的这个因素对被研究物理量的影响。控制变量法在物理学中用得十分普遍，初中物理课中大多数的演示实验和学生实验都会用到这种方法。

2. 模型法

模型法是通过模型来揭示原型的形态、特征和本质的方法。模型法借助与原型相似的物质模型或抽象反映原型本质的思想模型，间接地研究客体原型的性质和规律。借助模型能方便我们解释那些难以直接观察到的事物的内部构造、事物的变化以及事物之间的关系，将抽象的问题直观化。例如，光线、磁感线、力的示意图、电路图等都是在建立物理概念的过程中抽象出反映原型本质的一种思想模型。

3. 推理法

逻辑推理法是在实验基础上经过概括、抽象、推理得出规律的一种研究问题的方法，但得出的某些规律却又不能用实验直接验证，又称理想实验法。例如，研究真空不能传声、分子的运动、牛顿第一定律、电荷的种类等采用的就是这种研究方法。

4. 类比法

类比法是根据两个对象之间在某些方面的相同或相似而推导出它们在其他方面也可能相同或相似的一种逻辑思维。运用物理类比思维可以把陌生的对象和熟悉的对象进行对比，把未知的东西和已知的东西进行对比，这样可使学生能动地认识、理解并掌握知识。物理世界中的物理现象和物理过程形形色色，事物属性及其相互关系也多种多样，对于不同的事物应采用不同的类比方法。例如，可将水流的形成与电流的形成相类比、宏观物体的运动与分子运动相类比、机械能与内能相类比等。

5. 转换法

转换法指在保证效果相同的前提下，将不可见、不易见的现象转换成可见、易见的现象，将陌生、复杂的问题转换成熟悉、简单的问题，将难以测量或测准的物理量转换为能够测量或测准的物理量的方法。初中物理在研究概念规律实验中多处应用了这种方法。例如，物体发生形变或运动状态改变可证明一些物体受到了力的作用，马德堡半球实验可证明大气压的存在等。

6. 等效替代法

等效替代法是在保证某种效果相同的前提下，将实际的、复杂的物理问题和物理过程转化为等效的、简单的、易于研究的物理问题和物理过程来研究和处理的方法。例如，排水法、串并联电路的分电阻与总电阻、用电阻箱的电阻来代替待测电阻等。

以上这些方法是研究物理问题不可缺少的方法，掌握这些方法是学生探究物理规律、建立物理概念的法宝。

四、在实验的基础上建立物理概念和规律

物理学中的每个概念和规律都是建立在事实或实验的基础上的，必须弄清它建立的过程。知道结果而不清楚其过程，在运用概念和规律时，只会生搬硬套，当问题发生变化和知识迁移时，学生就会束手无策。

寻找物理规律主要是建立在实验的基础上，如探究电流与电压、电阻的关系得出欧姆定律。在实验探究过程中，通过提出问题、猜想或假设、设计实验、进行实验、分析论证、评估交流得出物理规律。

在研究电流与电压的关系时，控制电阻一定，通过移动滑动变阻器改变定值电阻两端的电压与电流，并记录三次电流表的示数及电压表的示数，通过分析实验数据，可得出：电阻一定时，导体中的电流与导体两端的电压成正比。在研究电流与电阻的关系时，控制电压一定，改变接入电路中的电阻，移动滑动变阻器来控制导体两端的电压一定，并记录接入电路中的电阻值及对应的电流值，分析三次接入电路中的电阻及对应的电流，可得出：电压一定时，导体中的电流与导体的电阻成反比。

五、通过实验培养学生科学探究的能力

教师是带着学生走向知识，而不是带着知识走向学生；学生是带着问题去探究，而不是带着结论去学习。教师应鼓励学生在课堂上进行科学的探究：提出问题、大胆猜想、设计实验、动手操作、收集信息、分析推理、探究发现、交流合作，以知识为主线，以探究过程为载体，培养学生的思维能力。鼓励学生提出问题，指导学生根据已有知识和情境大胆猜想，根据实验原理设计

实验，观察实验现象，记录实验数据，收集实验信息，分析实验现象和实验数据，准确表述实验结论，应用实验结论解释生活中的物理问题，进行交流合作与评价。

在《摩擦力》一课的教学中，探究滑动摩擦力的大小与哪些因素有关，不是教师做实验给学生看，而是在教师的引导下，鼓励学生提出问题，让学生进行猜想和假设，设计实验，观察实验，分析实验现象和数据，在科学探究与合作交流中得出实验结论。学生在探究活动中，会生成教师预设之外的问题。在实验过程中，教师对学生提出的质疑进行引导，不断让学生发现问题、分析问题、解决问题，将知识与技能内化为学生的能力。

六、用实验探究的过程启迪学生的创新

1. 启发想象

物理概念、物理模型的建立都要有丰富的想象力。如"运动和静止的相对性"需要学生有一定的空间想象能力和时空观才能深入理解。再如演示奥斯特实验发现小磁针偏转，学生通过分析、推理能想象到通电导线的周围存在着磁场。这需要教师在物理教学中用形象、生动、直观的语言，启发学生想象，通过实验、实验模型帮助学生想象，提高学生的想象力。

2. 创设探索的情境

教师应创设与教材内容相关的情境，让学生在情境中产生各种疑问和设想，引导学生在亲自体验中探求新知，开发潜能。

在《密度》的教学中，先让学生回忆用天平测固体质量的实验，接着提出问题："体积相同的铜块、铁块、铝块的质量相等吗？"再提出问题："质量相等的煤油和水的体积相等吗？"让学生通过实验去验证。有的学生会意识到这是不同物质存在着的一种差异。学生通过实验，分析发现：$M_{铁1}/V_{铁1}=M_{铁2}/V_{铁2}$，$M_{铁1}/V_{铁1}\neq M_{酒}/V_{酒}$，这说明了同种物质的质量与体积的比值是一个定值，不同物质的质量与体积的比值一般不同。物质间的差异可以用质量与体积的比值来区别，这样学生就能深刻理解密度概念的建立过程。学生获得知识是主动的、愉快的、积极的，有利于思维能力的开发和创新。

七、用物理实验来解决学生疑惑

在《电压表》的教学中，学生难以理解和弄清的是：电压表在电路中可看作一个什么样的模型？它串接在电路中会发生什么现象？如何通过电压表来检测电路中的故障？这些都是学生在学习中存在的难点、疑惑点、易错点，也是考试对学生能力考查的一个重点和热点，教学中应通过实验手段来加以突破。

通过实验演示，让学生理解电压表可看作是断开的开关：电压表的内阻大约在几千欧左右，电压表接入电路中通过它的电流几乎为零。在分析电路的连接方式时，可把电压表看作一个断开的开关，来判断串联电路和并联电路。在确定电压表所测电压时只需观察电压表接在哪一部分电路中来判断电压表所测的是哪一部分电压。在连接电路时，无论是串联电路还是并联电路，首先都要将其他原件连接好，最后根据要求去连接电压表。在电路的计算中，通常情况下通过电压表的电流可忽略不计。对于以上知识，学生只有通过实验去观察、体验，才能理解、掌握。

探究电压表的使用规则时，教师要有意识地与学生一起去探究电压表串联在电路中出现的现象。电压表串联在电路中时学生会观察到小灯泡不亮、电流表无示数、电压表有示数、且电压表的示数几乎接近电源电压。再将电压表并联在某一电灯两端，观察电压表的示数，在此基础上得出电压表要与被测电路并联的规则。绝对不允许不经过用电器将电流表的正负接线柱直接接在电源两极上，而电压表的正负接线柱可直接接在电源两极上，让学生弄清原因。其原因是：电流表的内阻很小，与导线的电阻差不多，几乎为零，电路中的电流很大，会烧坏电流表，而电压表的内阻很大，通过电压表的电流几乎为零，不会损坏电压表。

运用电压表检测电路中的故障。当电路中的某一部分电路发生断路时，电压表接在断开电路的两端时，相当于将电压表串联接入了电路中，电压表会有示数，指示的电压几乎等于电源的电压，由此可以判断与电压表连接的那一部分电路发生了断路。当某一部分电路发生短路时，电压表接在短路部分的两端，电压表的示数为零，因为短路的部分相当于导线。让学生在分组实验中去获得感性认识，教师在黑板上讲实验是不能替代演示实验及学生实验操作的。学生分组实验时，在实验中会发现问题，出现各种电路故障。当学生遇到故障时，就会主动进行分析、探讨来排除故障，将物理知识与实验现象有机结合起来，就会真正理解电压表和电流表的使用规则了。

八、结合仿真实验和多媒体技术

笔者将高效课堂、互动课堂等软件及自己制作的PPT课件与电子白板有机地结合在一起，在电子白板上调用各种素材进行课堂教学。电子白板集传统的黑板、计算机、投影仪等功能于一体，使教学过程更加便捷。在上《流体的压强与流速关系》一课时，分析升力产生的原因，传统的方法是让学生看课本中的文字图片，大多数学生难以理解和表述升力产生的实质。利用"教育云"空间中的动画和视频，学生一看就清楚了。利用光的反射和折射现象的Flash动画，让学生会识图、会读图、会画图，教学直观性更强，学生对知识的理解更加清楚透彻。

以上是笔者对物理实验在教学应用中的一些做法，理论支撑和研究的深度还不够。但实践证明，这些实验应用于教学，确实能取得良好的教学效果，能培养学生的科学素养，提升学生运用物理知识的能力。

初中物理实验教学中"研究性学习"

物理学是以实验为基础的自然科学，物理概念、物理规律是从实际问题中抽象、概括出来的，而物理实验对于建立物理基本概念和理论及加强对基本概念和基本理论的理解有着不可取代的作用。初中学生刚刚开始接触物理，学习方法及抽象思维能力都还没有形成，因此，从加强学生实验着手进行教学，显得尤为重要。研究性学习是指学生通过知识与经验并重的主体性研究活动，实现自我发展，培养发现问题、分析问题、解决问题的能力，以及创造精神的一种自主性学习方式。它与接受式学习功能各异，相辅相成。在新课改的背景下，教师要注意让学生体会某一知识或规律产生或发现的过程，将当初科学家们研究这一问题的过程适当地重现在学生面前，让学生体会到发现问题、分析问题、解决问题的乐趣，进而掌握某种处理问题的方式方法，提高学生的学习能力和创新意识，这才是物理学科教学的最终目标。作为一名物理学科教师，如何通过自己的实验教学活动和引导使这一教学目标最终实现呢？采用物理实验教学中的研究性学习的思想。因此如何在实验教学中实施研究性学习是一个非常实际的问题。课堂教学中研究性学习的开展，关键是要把研究性学习的思想渗透到学科教学中，对于物理学科而言这一点显得尤为重要。最近几年初中物理教材在不断更新，其中最明显的变化就是融入了许多研究问题的实验和方法，最后的结论都没有直接给出，这就更有利于我们广大物理教师在实验教学过程中推广这样一种全新的教学模式，我的具体实施方法如下。

一、在物理实验中尽可能地扩大学生的自主学习空间

研究性学习的指导思想就是要发挥学生的主体作用。教科书已经给定了学生学习的知识框架，作为教师就应该在这个框架内尽可能地扩大学生自主学习

的空间。

　　首先要注重启发学生对某一知识根据自己的经验提出问题和猜想。在初中物理教材中有许多实验都可以用来培养这一能力，如采用控制变量法研究的一些实验（电阻大小的影响因素）。对于这一类实验的研究，首先应该引导学生分析出对一个问题的最终结果可能产生影响的因素有哪些。值得注意的是，学生提出的猜想中可能有一些是不正确的，或者说存在概念错误，还有可能某些真正的影响因素他们根本没想到，这时教师千万不可单纯为赶进度，将这一过程流于形式，而应该耐心仔细地引导学生根据他们平时的生活经验和所学的物理知识进一步分析，从而提出更多的猜想，这样对于培养学生提出问题的能力大有好处。

　　其次，引导学生在提出问题的基础上自主选择解决问题和验证猜想的方法、途径和工具。对于一些实验，我们首先要鼓励学生大胆地提出一些猜想，随后再根据这些猜想将学生分成几个小组，引导各个小组自主地选择验证各自猜想的方法，如可以通过设计小实验去验证自己的猜想。对于学生设计的某些典型实验，教师还可将它介绍给其他小组，其他小组的学生可以提出改进意见，这就充分发挥了学生学习的自主性，培养了他们团结协作的精神。

　　提高学生研究学习自主性的最后一个环节，就是鼓励学生从事实中得出自己的结论。学生在自主选择的基础上想方设法去验证自己的猜想，最后不管他们的猜想是否正确，都应该鼓励他们大胆地把他们的亲身体验小结成结论或经验。以"滑动摩擦力大小的影响因素"为例，开始讨论"滑动摩擦力大小的影响因素"时有部分学生认为其大小与物体的重力有关，后来他们通过自主设计实验发现滑动摩擦力大小有时与物体重力有关，有时与物体重力无关，这时教师就应该引导他们进一步分析得出何时滑动摩擦力与重力有关，何时滑动摩擦力与重力无关的结论，虽然这样的结论并不是非常全面，但对于提高学生口头表达能力以及分析结语的能力是非常有帮助的。当然在这个基础上，教师还需要再引导学生做更为深入的分析，最终去伪存真，综合分析得出更科学的结论。

　　在演示实验和分组实验教学过程中扩大学生自主研究学习空间的另外一种做法也值得一提，那就是采用类比法促使学生将所学到的新知识与自己生活中的经验通过实验研究重现进行类比，扩大他们思维的空间，以加深他们对新知识的理解。在现行教材中，适合采用这种方法的教学内容非常多，电流可比作人流或水流，电压可比作水压，再通过实验研究，重现类比的物理现象，这些形象的类比将学生平时的生活经验有效地融入课堂，对于某些抽象知识的理解非常有利。教学过程中教师可以利用自己的智慧进行一些恰当的比喻帮助学生理解，同时也可以引导学生自己来比喻，以加深理解。比如在学习导体电阻大小的影响因素时，教师首先引导学生分析、猜想对电阻大小可能造成影响的因素有哪些，然后采用控制变量法对一个个因素逐一研究，为了加深学生的理解，还可以引导学生将自己的理解用比喻的形式表达出来。例如，有几名学生在讲解电阻随导体横截面的增大而减小时，打了这样一个比方：将电荷通过导体比作千军万马过桥，桥越宽则军队越容易过桥，阻碍越小，因此电荷通过导体时导体横截面积增大，电荷通过时受到的阻碍会越小，电阻就越小。经过多次这样的训练，既可以锻炼学生的思维能力和类比能力，同时还可以检验学生的理解是否出现偏差，效果将会十分理想。

二、在课堂教学中适当增加一些体验性的实验研究活动

研究性学习的根本出发点就是让学生充分体验获取知识的过程，在实践过程中丰富体验，构建知识。如1 N的力是多大，20 N的拉力是多大，这完全可以让学生在课堂上亲自体验：用手托起两只鸡蛋所需的力约为1 N，用手拉开易拉罐所需的力约为20 N。再如，力的作用效果与力的三要素有关，可以让学生在开关门的研究实验过程中体验力的作用效果与三要素的关系；用弹簧测力计测量物体重力时测力计要保持静止，这可以让学生具体体验测力计的加速上升或加速下降。显然通过这种方式获得的知识，要比在牛顿的著作中或在一本教科书中搜寻答案更有意义，这种"真正的研究实验体验活动"不仅可以让学生获得对知识的真正理解，而且还可以让学生得到"如何去获得知识"的能力，而这正是研究性学习的一个很重要的宗旨。

以上就是我在物理学科教学的实验研究过程中，进行研究性学习的一些做法。这里我谈了许多研究性实验学习的优点，但这并不是说我们在学科教学的过程中都应该采用这样的教学方法，原因有二：第一，教学时间不允许；第二，每一种教学方式都各有所长。研究性学习在积累直接经验、培养学生的创新精神和实践能力方面有其独到之处，而接受式学习在积累间接经验、传递系统性学科知识方面，其效率之高是其他方法无法比拟的。因此，这两种学习方

式在学科教学中都是必要的，而且是相辅相成的，绝对不能以此来反对或摒弃其他学习方式。我相信，只要我们正确处理好两者的关系，在教学过程中适当运用研究性实验学习的思想，使它的优势充分发挥出来，我们最终的学科教学必将变得丰富多彩，教学成果必将无比丰硕！

略谈信息技术与物理研究性学习的整合

在当下的互联网时代，人类社会的信息传递量非常巨大，科学技术也突飞猛进，产生了很多供人们学习交流的手段和方式。如果作为教师的我们，还禁锢在教材范围内的知识内容，或者说还沿用传统的教学方式教学，学生的全面素养就无法达成。就目前来看，在学生的学习生涯中，最重要的语言表达素养是母语，这是传播中华民族精神的实际需要，其次是英语，这是学生开阔国际视野的媒介，还有一种语言就是数字化语言，这是科学技术发展的途径。所以，无论从哪个方面说，将信息技术整合到课堂教学中，都是非常迫切的教学实践。

具体来看，《基础教育课程改革纲要》明确提出要"大力推进信息技术在教学过程中的普遍应用，促进信息技术与学科教学的整合，逐步实现教学内容的呈现方式、学生的学习方式、教师的教学方式和师生互动方式的变革，充分发挥信息技术的优势，为学生的学习和发展提供丰富多彩的教育环境和有力的学习工具"。这种以学习者为中心的实施路径，也是符合建构主义理论和学习论的。《全日制义务教育物理课程标准》还明确要求"尽可能将信息技术应用于物理教学过程中"。在教学中怎样将信息技术与物理教学有机地结合起来呢？笔者以为，结合不是简单地将信息技术作为一种教学手段与传统的教学手段叠加在一起，而是将课程看成一个整体，利用信息技术的优势，让学生主动研究物理，且不知不觉地掌握物理知识，进而提高核心素养。下面，笔者就用案例印证信息教育与物理研究性学习的结合方式。

一、物理研究性学习的信息技术呈现方式和教学方式

具体来说，物理研究性学习的信息技术呈现方式和教学方式主要包括以

下几种。

1. 视频、图像、音频媒介的使用

比如，在液体压强的新课讲授中，用视频播放蛟龙号深潜器取得的巨大成功，在激发学生爱国热情的同时，也为学生研究性学习的开展做了铺垫；在学习凸透镜成像前，直播中国航天人王亚平的水滴成像，会激发出学生的好奇心、求知欲；在平面镜成像的教学中，展示湖光山色一体的美丽图片，既激发了学生的兴趣，又培育了学生的审美素养；在声音的传播的实验中，优美音乐的应用也是教学设计的环节。总之，用这种视觉、听觉接受信息的方式教学，效果会更加显著。

2. 合理使用信息技术教学平台

采用信息技术教学平台辅助物理教学可以克服物理课堂教学的局限性，弥补传统教学手段的不足。目前，交互式教学平台已经广泛使用，它的应用为物理实验研究性教学带来了很多应用空间。在实验教学活动中，教师可以利用多媒体平台展示制作多媒体课件，可以使用平台中的软件教学资源。除此之外，笔者认为用白板投影学生作业，再用批注功能讲解，这相当于对全班进行作业面批，教学效果很好。在讲解习题的过程中，用批注功能讲解习题，可以用不同颜色的硬笔或荧光笔区分不同的讲解内容和步骤，学生的认识也会更加深刻。但笔者认为最有效的实验教学方式莫过于投影整个物理实验过程，这样可以增大可视范围，让学生观察得更仔细。难点实验甚至可以放慢实验过程，放大实验现象，化抽象为形象，化静为动，极大地激发了学生学习研究的欲望且大大降低了难度，使学生易于理解掌握，对物理实验本质也有了更多的过程性了解。

3. 使用信息技术工具，解决实验难题

物理是一门实践性强、抽象、概念多的自然学科，是学生感到比较难学的一门学科。因此，对于物理教学来说，直观的教学方法是非常重要的。而传统教学模式中教师往往是在课堂上对实验进行演示，这样具有一定的局限性，甚至有些实验由于实验条件的限制，实验效果很不理想。在这种情况下，借助信息技术工具就是很好的选择。比如，讲授光的反射、虚像的概念，可以用Flash制作动画，这样既可以延缓光的传播速度，让学生体验光的传播，又可以有非常精确的实验结果。

二、物理研究性学习信息技术背景下的互动方式

师生互动是达成应有的学习效果的重要表现。在信息技术背景下，师生互动的方式也与传统教学有着区别，主要表现在以下几个方面。

1. 利用互联网构建交流及共享平台，为学生研究性学习开辟天地

比如，建立学校级别的"物理网页"，构建师生交流的平台。网页可设置"物理前沿""实验探究""新物理知识科普""物理小论文"等系列栏目，同时开辟"物理实验讨论园地"，用于师生、生生交流。

2. 建立校级"物理资源库"

以校园局域网为依托，提供良好的资源服务，实现资源共享。我们把物理资源分为教学感悟、研究实验、教学课件、试题库、实况录像等。比如，在"教学感悟"中，收集教师的教研、教后心得及教学论文，以便课外查询。在"研究实验"中，收集大量有趣的贴近生活与课堂，且又容易做的实验，让学生在生活中自制或自选器材研究实验，或在网上模拟实验。在"教学课件"中，收集教师平时上课自制的课件，或从网上下载有一定新意的课件，按课程的进度上传共享，便于教师上课时调用，也便于学生课上或课下查询。在"试题库"中，收集各年级、章节、期中、期末的测试题、探究题，以便师生查询。资源库的建立，实现了资源的共享，调用便捷，教师在收集整理资料的同时加深了对教材的理解。对学生来说，他们可以自己查资料，做实验，再写出实验过程，或按自己的想法设计、改进实验，进行探索性研究，或用模拟实验验证。

3. 打造微课、慕课体系，设立研究课，加强对教学方式改革的探索

在教学中，利用微课、慕课设计一些研究型的课程，可收到很好的效果。比如笔者制作的慕课《生活中的物理》（见图1），充分将课堂教学与慕课传授知识的优点结合起来，在线学习、网上交流，学生学习目标的达成效果较好。

4. 利用互联网交流的及时性，加强师生交流

比如，"物理实验讨论园地"虽然在对物理知识的传授上并无直接的作用，但学生在这个"园地"里可以和老师进行自由平等的交流，加深师生感情，同时教师对所教的学生也能有一个更深入的了解。学生能自由浏览，并用"留言板"交流研究感悟，增强学习的自主性、交互性。

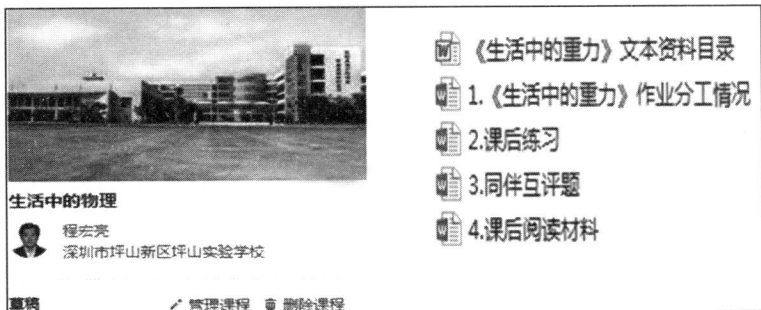

图1　慕课《生活中的物理》相关资料

　　总之，将信息技术整合到物理教学中，可以为学生提供新的研究学习空间。互联网是一个资源丰富、快捷、方便的资源，把互联网与物理教学结合起来，让这把双刃剑最大限度地发挥它的作用，让学生利用所学知识来研究、解决问题，并在研究和解决问题的过程中增加协作和交流。这种教学手段的应用尚需把握一个"度"字，即要选择合适的内容，能整合时才应用。

参考文献

[1] 栾孟贺.信息技术在初中物理教学中的实践应用[D].成者：四川师范大学，2012.

[2] 周工厂.中学物理教师开展研究性学习能力的研究[D].西安：陕西师范大学，2008.

借助研究性学习方式　提升初中学生
物理核心素养

　　近几年来，随着社会和科学技术的发展，世界各个国家、地区都在研究核心素养。核心素养的定义是从人的角度要求受教育者应具备适应个人终身发展和社会发展的必备品格和关键能力。初中物理是学生学习物理的启蒙阶段，是学生物理核心素养的形成阶段。教师除了要从教学方面探究提升学生物理核心素养的有效途径外，更要从学习方式上引导学生提升核心素养。笔者从研究性学习方式中课题的设置、探究活动及探究过程等方面阐述了通过探究性学习方式培养初中生物理核心素养的可行性。

　　2015年10月教育部下发了《普通高中物理课程标准修订稿》内部征求意见稿，征求意见稿中提出，物理核心素养是学生在接受物理教育过程中逐步形成的适应个人终身发展和社会发展需要的必备品格和关键能力，是学生通过物理学习内化的带有物理学科特性的品质，是学生物理核心素养的关键成分，主要由"物理观念""科学思维""实验探究""科学态度与责任"四个方面的要素构成。

　　如何让学生在初中物理学习中提升物理核心素养呢？在教学实践中我们发现，在教学中应用研究性学习方式有利于提升学生的物理核心素养。研究性学习方式是指以学生的需要为出发点，以问题为载体，从学科领域或现实生活中选择和确定研究主题，创设一种类似学术或科学研究的情境，学生通过自主、独立地发现问题、实验探究、操作、调查、信息搜索与处理、表达与交流等，获得知识技能，发展情感与态度，培养探索精神和创造能力的学习方式。这种学习方式是学生带着问题，通过亲身经历探究的过程来丰富物理观念，在探究中运用和发展物理思维能力，在实践中提升实验探究能力，在体验、感受探究过程中培养实事求是的科学态度与责任。下面笔者就如何借助探究性学习方式提升学生物理核心素养谈谈几点做法。

一、延伸课题知识，构建物理框架，丰富物理观念

研究性学习课题不仅可以是课本上的基础知识，也可以是对知识的进一步整合、拓展。学生将其内化成自己的能力，从而逐步丰富物理观念。就初中物理知识结构与能力要求而言，只要求学生初步了解力、热、光、电等一些基础的物理知识，因此在教学中可将初中的课题知识进行适当的延伸，提高学生对物理的认识，进一步丰富物理观念。例如，在电学中学习焦耳定律后，可以围绕核心概念设立能量转化效率的课题。首先，引导学生从能量转化和转移的角度来分析力学中的机械效率、热学中学到的热机效率及电热转换效率的形成原因，从而发现这几种效率虽求法不同，但本质上都涉及能量的转化和转移，都反映了能量转化过程中的有效性，都可以用来衡量机器设备的性能好坏。通过这样一个课题，把已学过的关于能量的知识进行整合提炼，帮助学生理解不同形式的能量之间可以相互转化和转移，在转化和转移过程中存在能量耗散现象，这就是效率存在的原因。而且，所有关于效率的求法都可以归纳成 $\eta=W_有/W_总$，通过分析可以得到，有用功在总功中占的比例越大，机器的效率就会越高。因此，要提高效率就得降低损失能量与有用能量的比值，即增大有用能量的同时减小损失能量。通过这样一个延伸课题整合物理知识，构建物理知识框架，寻找知识共性，提升知识的迁移能力，不但可以建立完整的物理观念，而且可以培养学生正确的能量观。

二、设计启发性问题，突破学习难点，发展思维能力

研究性学习过程主要是基于学生自身的需求，让学生在一定的问题情境中，应用分析、比较、推理、判断等科学的思维方法来解决问题。

学生在学习过程中最大的需求就是难点问题的突破或辨析。难点问题是学生在学习过程中不可避免会遇到的问题，是指在学习过程中难于理解或混淆不清的问题，它形成的主要原因是思维障碍，即在学习过程中不能正确运用建模的思想、理想化方法、抽象概括、推理论证等思维与方法来形成概念、判断和

推理，从而无法获得或不能全面获得对事物的本质和规律的认识。因此，在探究性学习中要设计启发性问题，引导学生突破学习难点，清除思维障碍，这样有助于学生锻炼和发展科学思维能力。

如"平面镜成像的特点"的学习，探究的方案是通过实验探究法来寻找成像的特点，然而这其中的"怎样比较像与物的大小关系""如何比较像与物到镜面的距离""为什么像的大小不随着物体的移动而改变"等问题是学生进行探究学习的难点。为帮助学生突破

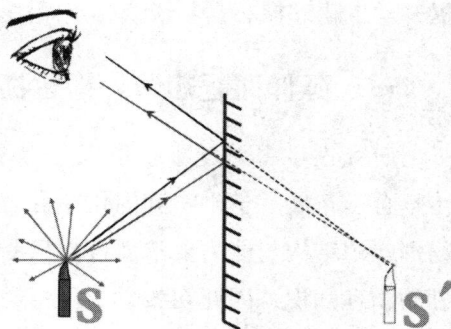

图1　平面镜成像光路图

这些难点，教师可以先设计一系列具有启发性的问题：用什么方法来确定物体的像是实像还是虚像？为什么不能直接比较像与物的大小？为什么不能量出像与物到镜面的距离？通过思考这三个问题，让学生认识到平面镜成的是虚像，实际上是不存在的，不能在光屏上呈现，所以不能直接比较像与物的大小，要解决这个问题就要借助另一个物体与像进行比较。那么，对这个物体有什么要求？实验中又是怎样操作的？对平面镜又有什么要求？通过这些问题逐步深入启发、引导学生找到解决难点的方法。为了进一步解答学生的疑问，教师可以引导学生通过作图法作出平面镜成像的光路图（见图1），从而得到平面镜成的是虚像。然后再利用数学几何知识证明，从而得到：像与物大小相同，像与物到镜面的距离相等，像与物关于镜面对称。通过这种问题设计层层启发引导，学生不但可以找到解决难点的方案，而且可以领悟到本实验中用到的等效替代的科学方法，同时也通过作图论证的探究学习体会到建模、演绎推理等科学思维方法。

三、增加探究活动，拓展课内实验，提升实验探究能力

由于初中物理处于启蒙阶段，学生的思维处于形象思维向抽象思维过渡的时期，在探究性学习中大多数学生要通过实验探究获得感性材料，再通过运用科学思维对感性材料概括、判断、归纳形成物理概念和规律。

在实验探究过程中，学生要经历发现和提出问题、猜想与假设、设计实验

和制订计划、进行实验和收集数据、分析论证、合作与交流、评估七个环节。

例如，在探究凸透镜成像规律的实验中，学生首先在用放大镜观察远近不同的周围物体时发现物体通过凸透镜可以成倒立或正立的像，可以成放大或缩小的像，接着提出凸透镜成像有什么规律？受什么因素影响？其次，对这些问题进行猜想，即凸透镜成像规律可能与物体到透镜之间的距离有关。然后，学生利用实验室提供的器材设计实验方案、进行实验并用表格记录实验现象，运用数学方法分析归纳出凸透镜成像的规律及其影响因素。最后，在教师的引导下学生之间要进行交流、评估，分享成果。而学生经历的科学探究的七个环节，正是物理核心素养中"实验探究"所要求的。《普通高中物理课程标准修订稿》指出，物理核心素养中实验探究主要指高中物理中通过实验发现物理规律的方法，包括发现问题、合理猜测、设计实验探究方案和获取证据、分析论证、合作与交流、评估和反思等。由此可见，为高中物理打基础的初中物理可以为提升实验探究能力提供契机。

针对初中学生的认知特点，教材中所编排的知识内容较简单，所以多数的物理实验都可以引导学生进行适当的拓展探究。例如，在探究凸透镜成像规律的实验中可以增加"当物体由远处靠近凸透镜时，观察像的大小变化及光屏的移动方向"的探究性实验，也可以增加"用书本挡住部分透镜后观察光屏上的成像情况"等探究性实验。再如，在"伏安法测定值电阻的阻值"实验中就可以增设"小灯泡的伏安特性曲线"的探究性实验，不但可以加深学生对欧姆定律应用的理解，而且通过对小灯泡和定值电阻的 $I\text{-}U$ 图像的比较可以了解到针对不同实验，采用多次测量的意义不同。

还可以鼓励和支持学生就地取材，因陋就简，动手动脑设计小实验，开展小制作活动，如在学习声音的传播时可以引导学生利用有真空层的保温杯、音乐芯片、瓶塞、细线等身边的器材，通过制订计划、进行实验、观察和记录实验现象，得出声音的传播需要介质的结论。因此，借助探究性学习方式，可以提升学生的实验能力。

四、贴近生活，体验探究过程，培养科学态度与责任

科学态度与责任主要指对待科学的态度与价值观，包括能正确认识科学的本质，具有学习和研究物理的好奇心与求知欲，能主动与他人合作，实事求

是，不迷信权威，具有保护环境、节约资源、促进可持续发展的责任感等。探究性学习强调的是学生不但要通过亲身经历和体验获得知识、技能和方法，而且要体会科学研究的艰辛、与人合作的重要性，要了解实事求是的重要性。因此，通过探究性学习可以培养学生的科学态度与责任。如学习初三物理时，可以开设课外探究性课题，如"污水处理""海水淡化""调查汽车尾气""调查我国能源与可持续发展""调查自动化在生活中的应用"等，组织学生上网、读报、实地调查研究这些课题，讨论水、能源、环境污染、缺水等社会问题，引导学生思考科学、技术、社会及环境的关系，培养学生的社会责任意识，增强学生的国家意识和民族自豪感。

当今社会是个信息和科学技术高速发展的社会，只有具备适应个人终身学习的必备品格和适应社会必备的关键能力的人才能更好地适应社会。这种适应个人终身学习的必备品格和适应社会必备的关键能力就是核心素养，它以人的全面发展为目标，不但要整合"知识与技能""过程与方法""情感、态度与价值观"，而且还要让学生有社会责任意识。而探究性学习方式通过引导学生充分参与学习过程，让学生学会探究，学会学习，最终形成终生受用的能力，通过经历、体验探究过程来培养、提升学生的科学态度与责任及国家意识。因此，借助探究性学习可以提升学生的物理核心素养。

📝 参考文献

［1］彭前程.积极探索基于核心素养理念下的物理教学［J］.中学物理，2016（2）：1-2.

［2］王炯.初中物理学习方式研究［D］.长沙：湖南师范大学，2009.

［3］郭佩芳.初中物理贯穿探究性学习的教学探索［J］.新课程（中学），2013（3）.

初中物理实验教学中教育技术运用的
教学片段分析

今天的教师面对的是一群在互联网背景下成长的新时代青少年，传统的教学方式和学习方式显然已无法完全满足学生的求知欲望。在贯彻落实党中央立德树人的教育方针的过程中，运用合理的教育技术培育学生的能力和品格就显得非常重要。本文将从四个教学片段分析教育技术的应用，引导初中物理课堂教学的方向。

一、运用多媒体设备展现思维的过程，让思维可视化

思维能力是学生学习能力的核心，思维发展不起来，学生学习起来会越来越困难。初中学生正处于心理半成熟的"小大人"阶段，其思维在很大程度上属于经验型。他们的思维需要感性经验的直接支持。思维可视化则是运用一系列图示技术把本来不可视的思维（思考方法和思考路径）呈现出来，使其思维过程清晰可见，从而帮助初中学生层层递进地梳理思维过程，有效地促进初中学生的思维由感性向理性、由低水平向高水平转变。

教学片段1

（1）课题名称：电流与电压和电阻的关系。

（2）实验目的：探究电阻一定时，电流与电压的关系。

（3）教学片段实录如下。

师：在我们以往的学习过程中，如果遇到两个物理量或者两个以上的物理量影响一个物理量的时候，我们一般采用什么研究方法呢？

生：控制变量法。

师：当我们研究电流与电压的关系时，应该控制什么呢？

生：电阻。

师：当我们研究电流与电阻的关系时，应该控制什么呢？

生：电压。

师：今天我们先来探究电阻一定时，电流与电压的关系。大家觉得会是什么关系呢？

生：电阻一定时，电压越大，电流越大。

师：大家有没有不同意见，可能还有什么关系？

生：电流与电压成反比。

师：我们每个同学的猜想肯定都有自己的理由。比如，电阻一定时，电压越大，电流越大，我们在前面的实验中亲眼看到过：增加电池节数，电压增大，灯泡变亮，电流表示数变大。那么电流和电压会不会成反比呢？其实，无论是成正比还是成反比，不论你的结论是什么，最后都要通过什么来验证？

生：实验。

师：本实验的第一个问题是：如何控制电阻一定？

生：选用一个定值电阻。

师：因为定值电阻的阻值是不变的，也就是说定值电阻是我们的研究对象。（投影出示一个只有一个定值电阻的最简单电路。）

师：要探究电流与电压的关系，测量电流、电压的大小要用到什么呢？

生：要用到电流表和电压表。

（投影出示一个在前面电路基础上接入电流表、电压表的电路图。）

师：测量了电流和电压，就能够找到电流和电压的规律吗？

生：不能。

师：怎样才能找到它们之间的规律呢？

生：要改变电压和电流。

师：怎么才能改变这个定值电阻两端的电压呢？

生：改变电池的节数。

师：改变电池的节数能够改变这个定值电阻两端的电压和通过的电流。大家还有没有其他的办法呢？

生：串联一个滑动变阻器。

师：你是怎么想到串联一个滑动变阻器的？

生：因为滑动变阻器和定值电阻串联，能够改变电路中的电流和电压。

师：到底是换电池的节数还是串联滑动变阻器？

生：串联滑动变阻器。

师：理由是什么？

生：滑动变阻器可以保护电路。

师：说得非常好！在这里，滑动变阻器还有一个好处，就是可以连续地改变电路中的电流和电压。如果我们更换不同节数的电池组，只能得到1.5 V、3 V、4.5 V等电压，而要得到一个2 V的电压该怎么办呢？

生：还是要选用滑动变阻器。

师（投影出示接入滑动变阻器的电路图）：请大家将我们一起设计的电路图填写在实验报告上。

学生填好之后，在教师的指导下开始实验。

（4）教育技术运用点评。本实验课信息技术的应用简洁明了，仅仅使用电子白板投影出示了3个不同的电路图，采取层层递进的方式解决学生实验设计的困难。当师生探讨出"如何控制电阻一定"时，通过电子白板投影出示一个有"定值电阻"的电路图，如图1（a）所示。

当教师提出问题要测量电流、电压需要在电路中接入电流表和电压表时，通过电子白板出示一个接有电流表、电压表的实验电路图，如图1（b）所示。

通过分析讨论得出要改变电流和电压，需要接入滑动变阻器，再通过电子白板出示接有滑动变阻器的实验电路图，如图1（c）所示。

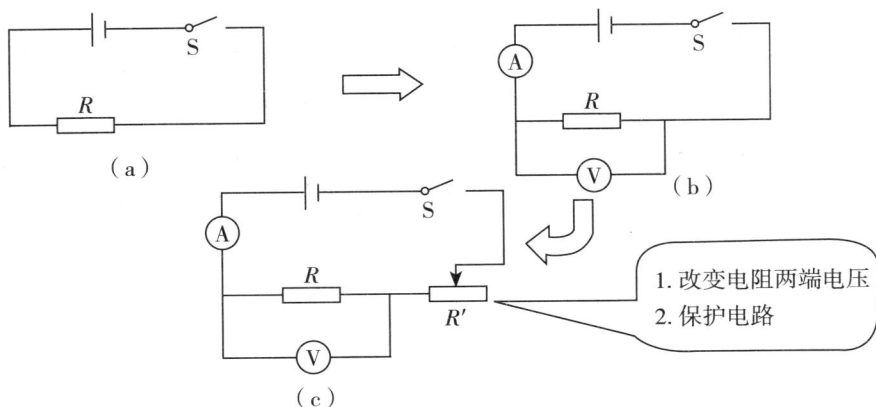

图1　实验方案设计思维过程

通过投影显示出3个电路图，使得整个设计实验的思路一目了然，而且在学生实验过程中电子白板上显示的这3个电路图，也有助于学生对照电路图连接电路实物。

二、利用投影设备等放大实验现象，让实验效果更明显

演示实验是实验教学的主要组成部分，其现象的观察效果对学生的物理学习有很大影响。有的演示实验现象并不明显，或者说没有引起学生的特别注意。此时，教师应利用一定的仪器，使一些不易看清的现象呈现得更清楚。为达到这一目的，可使用投影仪器、多媒体电脑等设备放大实验现象，使得实验现象更明显、更突出，使得每一个学生都能看清楚，从而引起每个学生的足够注意，克服教师台上做演示实验，学生在下面听演示实验，看不清现象，对结论半信半疑的弊端，从而使演示实验获得最大效益。

教学片段2

（1）课题名称：磁现象与磁场。

（2）实验目的：探究磁场的方向。

师：我们如何描述磁场的方向呢？这里有一块白色板子，里面有许多小磁针。将这块板子放在投影仪下面的平板上，白板屏幕上出现小磁针的排列图像（见图2）。将一个U形磁体放在白色板子上，用力敲击板子，结果看到U形磁体周围出现类似课本中的一条条的线。

学生观察到线条中间部分是一条直线，从一边直接指向另一边，而两边则是曲线。

师：我们看看U形磁体（举起并指着U形磁体）这边是N极，这边是S极，改变U形磁体的放置并敲击板子，可以看到小磁针从N极指向S极。

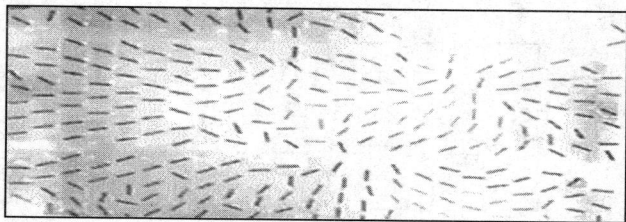

图2　无序的小磁针

（3）教育技术运用点评。磁感线是为了描述空间磁场而假想的曲线，其方向可通过小磁针的指向来确定。如何让学生清楚地看见空间磁场的方向呢？课本中呈现的是一个二维的剖面图，通过学生实验，学生也能感受到磁场的方向，但是视觉效果并不好。在本实验中，教师运用投影仪将实验现象进行放大，再通过电子白板显现出来，效果十分明显。

当教师把内含小磁针的白色板子放在投影仪下面的平板上时，电子白板屏幕上出现小磁针排列的图像，此时小磁针的指向不规则、不明显。

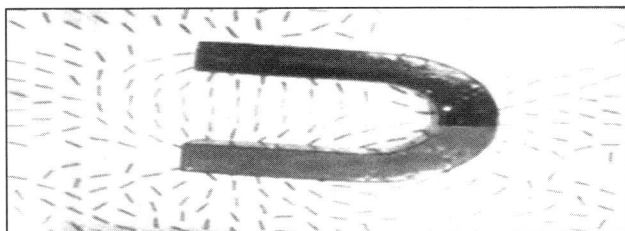

图3　按磁场方向排列的小磁针

当教师把U形磁铁放在板子上并用拳头敲击白色板子时，通过电子白板屏幕可以很清楚地看到U形磁体周围小磁针的指向发生了明显的变化，出现了类似课本中磁感线的一条条曲线，而且有一定的规则。如图3所示，当教师改变U形磁体的放置后再次敲击板子，在电子白板屏幕上清晰地看到小磁针排列方式的改变，但小磁针还是有规则的指向。通过这样放大的实验现象，让学生更清晰地看到磁场方向，更好地理解了磁感线及其方向。

三、运用多媒体及相关应用软件，把抽象的概念形象化

初中物理知识中有些物理现象、过程、概念难以被刚刚接触物理学科的学生理解，仅仅用语言的描述很难让没有感性认识的学生在大脑中形成清晰的物理概念。这些知识点往往成为学生学习的难点，而利用多媒体及其应用软件，可以把抽象的规律和概念形象化，帮助学生摆脱思维障碍，对学生理解、掌握物理概念和规律有很重要的帮助作用。

教学片段3

（1）课题名称：噪声的危害与控制。

（2）实验目的：探究乐音与噪声的区别。

（3）教学片段实录如下。

师：声音都是由物体的振动产生的，为什么有的振动产生乐音，有的振动产生噪声呢？这是我提出的问题，那你们有什么猜想？

生：可能与振动有关？

师：与振动的什么不同呢？下面我们进入课本的演示实验。一个是敲击音叉发出的声音（教师敲击，师生听声音），一个是泡沫塑料刮玻璃的声音（边做边说，学生观察）。从同学们的反应可以看出泡沫塑料刮玻璃的声音是噪声。下面我用一个声音编辑软件把这两个声音的波形显示出来。

师：我们先听第一个音叉发出的声音。要先把声音录进去，再将声音的波形放大（教师敲击音叉并录音，电子白板上出现波形，然后将波形放大）。大家可以从屏幕上看到音叉发出的声音的波形。下面进行泡沫塑料刮玻璃的实验，和刚才的过程一样，先录音再放大。

师：声音的波形是否能够显示声音的特性呢？我们得到了两种声音的波形，为了找到物体振动发出乐音和物体振动发出噪声的规律，我们应该采用什么方法进行研究呢？

生：对比。

师：对，把这两种波形对比。下面我用截图的方式把两种波形放在一起，第一个是噪声的波形，第二个是乐音的波形，请同学们比较两个波形，找出物体振动发出乐音和物体振动发出噪声究竟有什么区别？

生：物体发出噪声时的波形是无规则的，物体振动发出乐音的波形是有规则的。

师：大家都发现这个规律了吗？那什么是噪声呢？

生：物体无规则振动产生的声音就是噪声。

师：刚才这位同学说的就是噪声的定义。

（4）教育技术运用点评。本次教师选用的实验器材有1个小锤、1个音叉、1块小泡沫塑料、1块小玻璃，运用的技术设备有录音设备、多媒体电脑，运用的软件有Cool Edit Pro软件、多媒体电脑中的截图功能等。

声音听得见但看不见，怎么把声音的振动变得看得见呢？Cool Edit Pro软件是一款功能强大、效果出色的多轨录音和音频处理软件，可以将声音"绘"制出来，本节课的教师就是利用这一软件将声音的振动变成看得见的波形的。

教师先将敲击音叉发出的声音录进电脑，然后将声音的波形放大，学生可清楚看见音叉发出的声音的波形。接着将泡沫刮玻璃的声音录进电脑，然后将声音的波形放大，学生可以清楚地看见这个声音的波形。最后教师通过截图的方式把两种波形放在一起，从而让学生很形象地看见噪声与乐音波形的区别（见图4）。

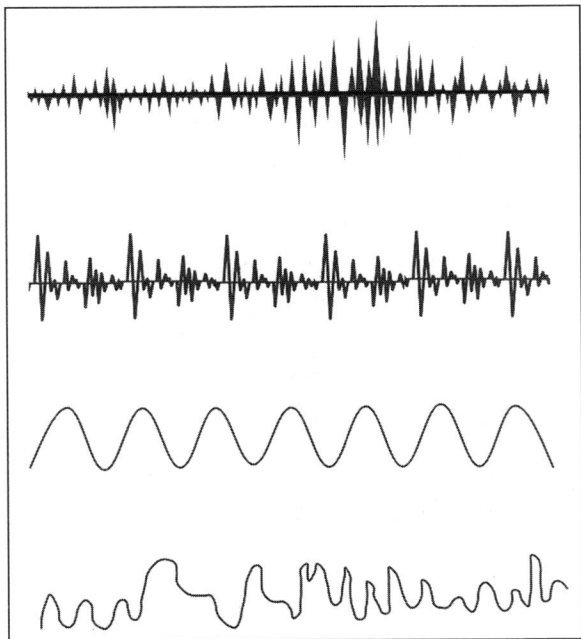

图4　噪声和乐音的波形图

通过两次声音的录制、放大、截图对比，将抽象的看不见的"噪声"概念变成了看得见的"不规则变化的波形"，从而帮助学生建立噪声的概念，有效突破了教学难点。

四、利用摄像机等辅助工具重现实验情境，进行实验验证

物理学是一门以实验为基础的自然科学，直观教学在物理教学过程中占有相当重要的地位。传统的直观教学主要是运用学生实验、演示实验、教学模型和教学挂图等进行的，但这些手段有较大的局限性。如有的实验可见度小；有的实验现象瞬息即逝；有的实验限于条件，演示效果很差，使学生对许多物理

知识的理解不能充分建立在直观感知的基础上。在教学中可以通过用录像播放或者回放一些在课堂中不容易演示成功的实验或者现象不易观察的实验，增加学生的感性认识，加强学生对知识的理解。

教学片段4

（1）课题名称：声的利用。

（2）实验目的：探究声音可以直接传递信息。

（3）教学片段实录如下。

师：下面我们来一起探究"声的利用"的原理。请大家闭上眼睛，仅凭听觉进行感受。请一个同学上来帮忙（教师将摄像机递给学生，让学生拍摄教师进行的活动，敲击几下小鼓、敲击几下铃铛、敲击几下黑板、教师走到一定位置将课本扔在地上、用手机播放歌声）。

师：请大家睁开眼睛。刚才老师在教室内做了一系列动作，做了哪些动作？有没有同学可以告诉我？

生：第一个是敲击小鼓，第二个是敲击铃铛，第三个是敲击黑板，第四个是老师用手机放歌，第五个是课本掉在地上了。（学生边回答，教师边通过投影显示刚才的实景）

师：在这之前，老师还做了一件事情。

生：录像记录。

师：我们分析刚才听到的声音，大家是直接还是间接接受了信息呢？

生：直接。

师：也就是说，声音可以直接传递信息。

（4）信息技术运用点评。本次实验中，其信息技术的运用也十分简单，主要运用的信息技术设备有摄像机、多媒体电脑、电子白板，运用的信息技术有录像及播放技术。教师在教室内做出各种动作，通过摄像机将这些动作记录下来，让学生凭听觉感知教室内发生的事情。教师将摄像机通过数据线接入多媒体电脑，导入所记录的影像资料。在学生回答问题的过程中，教师通过多媒体电脑和电子白板把刚才的场景进行回放，验证学生的回答是否正确，从而加深学生对声音传递信息的理解。

回顾这四个教学片段，有一个共同特点，就是课堂的教学过程都不是为了教育技术而使用信息技术，均是在最适当的时候，合理地使用信息技术设备，将学科内容巧妙地传递给学生，并有效地将学科特点与信息技术进行了融合。学科实验与信息技术的运用是合二为一的，这样优化了课堂结构，活跃了课堂气氛，刺激了学生的感觉器官参与学习过程，更好地吸引学生参与学习活动，有效地帮助学生突破知识的重点和难点，从而大大提高了课堂教学效率，这也符合在新时代的背景下，提升学生核心素养的党的教育方针的要求。

参考文献

［1］马晓霞.信息技术与课程整合的策略［J］.文学教育（上），2019（10）：174.

［2］齐改丽.信息化条件下高中化学实验教学模式研究［C］.教师教育论坛（第一辑），2019.

［3］李阳.信息技术与课程整合在职业教育中的应用研究述评［J］.信息记录材料，2019（2）：100–111.

［4］林碧峰.信息技术与通用技术教学深度融合的实践研究［D］.哈尔滨：哈尔滨师范大学，2018.

初中物理实验对物理研究性学习的影响

物理实验是中学物理教学的重要内容，是进行科学研究的基础，在物理教学中具有特殊的教育功能。在物理教学中，学生通过观察现象、动手操作、自行设计，能对物理事实获得具体的、明确的认识，理解概念和规律，培养观察和实验能力，从而逐步掌握物理学习和研究的基本方法，即"学会研究性学习"。同时突出物理实验教学中学生的主体性、探究性，以适应对学生实施以创新教育为核心的素质教育的新要求，进一步提高物理实验教学质量及学生研究性学习的意识，这是目前值得我们物理教师研究的新问题。笔者通过多年的实践教学谈点个人体会，以求共同探讨。

一、实验观察，激发学生研究性学习兴趣

物理实验以现象观察为基础，并运用实验手段，通过某些物理现象的再现，使学生通过观察获得感性认识，这是物理教学中十分重要的环节和教学方法。正如皮亚杰所说，一个人从来不想学习自己不感兴趣的东西。要调动学生的学习积极性，首先得引起学习的动机。观察也是如此，使学生感兴趣的观察活动往往是那些与学生头脑中已有定式相矛盾的现象。比如，学生知道铁块会沉入水中，由此他们认为铁块会沉入任何液体中，如果将一块铁块漂浮于水银上，许多学生都不相信，认为绝不可能，然而事实上又确实如此。因此，在物理实验教学中，一是教师要认真组织实验教学，充分利用一切机会，给学生创造观察物理现象的条件，培养学生对物理现象的兴趣。二是要注重培养学生的观察能力，因为观察是学生认识世界，获取知识的基本途径，观察能力是实验能力结构中重要的智力因素，观察能力的高低直接影响实验的分析、讨论和归纳。所以要鼓励学生勤于观察，并根据观察目的，拟定观察提纲，带着问题观

察，然后依据观察的现象发现问题，解决问题，使每一次观察都变成有效观察，以引发学生在观察现象中的研究性灵感和情趣，使学生养成良好的观察习惯。三是引导学生善于观察，勤于思考，参与探究，使学生把对生产实践、日常生活和周围自然环境的观察变成知识的源泉。如在教学"摩擦力"时，演示"筷子提米"实验。在杯里装上一杯米，把一根筷子插入中间，将米压紧，加少许水，过一会儿，拿起筷子就可以把整个玻璃杯提起。这时学生产生好奇心：为何一根筷子可以提起一杯米呢？接下来的整堂课，学生都会积极思考，认真听讲。此外，可以组织学生广泛讨论，让学生进一步说出一些平时所观察到的而又不能正确认识和理解的物理现象和问题，然后告诉学生学习了有关物理知识后，这些问题会得到逐步认识和解决，从而使学生产生强烈的学习欲望，驱使学生自主运用研究性学习方式开始物理课的学习，让学生积极主动地参与到物理研究性学习过程中去。

二、实验操作，培养学生研究性学习能力

纵观以往的物理教学，实验教学无疑对物理教学起到了巨大的作用。不管是教师的演示实验还是学生的分组实验，从认识论的角度来看，都为学生提供了丰富的感性认识，帮助学生建立起了理性认识的途径；从知识获取的角度来看，帮助学生形成了物理概念，理解了物理规律；从学生能力获得的角度来看，培养了学生的观察能力、操作能力等各种实验能力；从学生精神的收获角度来看，培养了学生学习物理的兴趣，使学生获得愉悦的情感体验和学习的快乐。学生操作实验是一种能动、感知的实验活动，它不但为学生主动获取知识创造了条件，而且实验本身是一种能动的实践活动，是手脑并用，左右脑结合训练的过程，它很好地展示了知识发生的过程。从实验方案的制订到实验仪器的选用，从实验操作到实验结果的分析，都充分体现着"研究性学习的内涵"。如教师在讲授"浮力"后，可增设研究性分组实验课，可提供天平、水、矿石、细绳、玻璃杯，要求测量矿石的密度，指出"用天平只能测出矿石的质量，没有量杯和量筒怎样测出矿石的体积呢？将矿石浸没在盛满水的玻璃杯里，利用玻璃杯里溢出的水可求得矿石的体积"，让学生沿着这样的思路去思考、研究，留给学生更多的实验活动空间，由学生设计出可行的实验方案和步骤。也可以多给一些实验仪器，由学生自行挑选其中的一些仪器。如给学生

提供天平、弹簧秤、玻璃杯、溢水杯、细线、足量的水、矿石，由学生自行选取仪器做矿石密度的实验。同样地，学生就会思考、研究选取哪些仪器，怎样测矿石体积等问题。再如在学生实验"滑动变阻器改变电路电阻"中，学生使用滑动变阻器连接电路，通过移动滑片观察小灯泡的发光情况，教师可在学生实验的基础上，引导学生边操作实验边研究思考以下问题：

（1）滑动变阻器是怎样连入电路的？

（2）移动滑动变阻器滑片时小灯泡发光情况如何变化？为什么？

（3）滑动变阻器的滑片在移动过程（向左、向右）中其电阻值如何变化？

将滑动变阻器换一种接法，重复进行实验，观察电路中的小灯泡发光情况（实验方案和操作程序让学生自主安排确定）。通过这种学生实验操作的研究性学习，学生可形成对滑动变阻器的构造、使用及其在电路中的作用的正确认识。这样，学生从实验操作过程及实验结果的分析中就能获取知识、找出规律、得出原理，并且能发现和掌握解决问题的方法，因而有助于激发出学生研究性学习的动力，促使学生在研究性学习中得到正确的认识，并从中获取知识。

三、实验设计，激发学生研究性学习的创新思维

物理实验能力是一种综合能力，在物理实验教学中，根据学生实际，设计富有启发性的实施方案，并给予巧妙的设疑是启发学生积极思考，培养学生创新意识的重要手段，也有利于激发学生研究性学习的创造思维。如初中物理教材中的部分小实验可通过课外活动（或学科活动）认真组织学生自主设计和操作，开展"科技小制作"和"自制教学器材"活动。又如，在"密度"复习中，学生明确了测定物质密度的一种方法后，可引导学生思考测定物质密度的其他方法，同时还要对不同思路的实际操作方法进行分析比较，找出各种测密度的实验操作方法的优缺点和适用条件，并确定最佳方法，即在特定条件下的实验操作方法，促使学生所学的知识得到进一步的拓展和升华。学生可以动手设计一些简单、有趣、新颖、对研究性学习有价值的实验。如在几何光学教学中可以用激光教鞭发出的红光做光源，用大烧杯盛水，再向水中滴点豆浆，用红光沿不同方向照射烧杯，用手掌接照射光斑，可明显看到水中的光线，这样把折射光、反射光、入射光的光路全部显示了出来，效果非常好。如果用水槽代替烧杯，再加上刻度，可完成光的反射定律、折射定律、全反射条件等实

验。这种在物理中进行的研究性学习，其重要价值不仅在于学生的研究成果，而且更重要的是培养学生的探究意识和创新思维。

总之，开展实验教学，教师应努力做到以下几点：

一要认真备好实验课，组织好实验课的教学，加强学生实验操作能力的培养，努力提高实验课的质量，坚决克服"黑板上做实验"的教学弊端。

二要不断改进物理实验教学方法。教师可以在课堂上指导学生进行演示实验的操作，或把部分演示实验变为学生实验（有些简单实验器材可以让学生自己准备），如初中物理教材中的"用刻度尺测量长度""弹簧测力计测浮力""摩擦起电""研究电流和电压、电阻的关系"等内容都可让学生实际操作完成实验。结合教学内容，教师要鼓励并引导学生"实验室外做实验，生活中学物理"，注重教学内容在生活中的延伸和拓展，利用学生对新鲜事物的好奇心，结合课堂教学内容设计物理实验、家庭小制作等，让每一名学生都能独立思考、自主创新，充分发挥潜能，在生活中进行知识的再发现、再创造，这样更能使学生在实践中体验和深刻感知物理。

三要充分发挥物理实验的独特作用，把物理实验课的研究性学习时空充分让给学生，让每名学生都可以自由平等地观察现象，参与实验过程，凭借个人直觉或生活经验独立分析判断实验结果。引导学生亲手设计实验，验证自己的奇思妙想，享受探索物理规律的乐趣，发表自己的见解，自由地与同学展开讨论，也可以与人合作共同实验。事实证明，物理实验课的研究性学习可以发展学生的个性，能够提高学生的实践能力，也能培养学生的创新精神。

📮 参考文献

［1］刘利锋.初中物理实验教学中"研究性学习"［J］.科技展望，2015（22）：201.

［2］栾孟贺.信息技术在初中物理教学中的实践应用［D］.成都：四川师范大学，2012.

完善初中物理实验教学　培养学生核心素养

随着新课改的不断深入，在初中物理实验教学中，如何培养学生核心素养，已经成为教师重点关注的话题。对此，在初中物理实验教学中，教师应对以往消极的教学模式予以摒弃，发挥学生在初中实验教学中的主体作用，让初中学生在自主实验中，不但获得对物理知识的深层次理解，也能够增强对核心素养的感悟，从而实现对初中学生核心素养的良好培养。本文以初中物理实验教学的必要性为出发点，着重探讨完善初中物理实验教学，培养学生核心素养的有效策略。

在以往初中物理实验教学中，对学生核心素养的培养并不能引起教师的关注，致使初中学生的核心素养始终未能得到提升。同时，这一认知偏差也造成了教师物理实验教学方式与内容的僵硬，对初中物理实验教学深层次作用的发挥极为不利。所以，对初中物理教师来说，应善于借助实验教学来实现对学生核心素养的良好培养，以推动学生获得全面发展。

一、初中物理实验教学的必要性

在新课程改革未能全面贯彻时，初中物理教师通常会采用单一的教学方式对学生进行理论知识的灌输，甚少开展实验教学。究其根源，许多教师认为实验教学模式不但耗时长，所耗精力过大，而且不具备显著的教学成效，是一种可有可无的教学方式，所以对实验教学的开展根本不予重视。这一片面思想不但抑制了学生主观能动性的发挥，还让学生变成了知识的被动接受者，完全感受不到探索物理知识的乐趣，长此以往，势必会使学生对物理学习产生厌烦情绪，难以激发在物理课堂中的主动性。由此可见，在初中物理实验教学中，教师必须重视实验教学的开展，唯有如此，才能使初中物理课堂教学中的消极之处获得改善，让学生重新燃起对物理学习的兴趣，也才能够推动初中物理实验教学中核心素养的培养进程。

二、完善初中物理实验教学，培养学生核心素养的策略

完善初中物理实验教学，培养学生核心素养策略的具体内容如下。

1. 提升教师对实验教学的重视

首先，教师应提升对实验教学的重视。教师是教学的主要引领者，只有教师提起对物理实验教学的重视，才能真正促进初中物理实验课程的开展，并调动起学生在物理实验中的积极性，让学生感受到物理实验的无限趣味与奇妙之处。

其次，教师应根据初中物理教材内容，对实验教学部分进行有效梳理，并根据学生实际学习水平，有的放矢地制订初中物理实验教学计划，让学生能够对物理实验进行积极探索，并在此过程中，强化对理性思维的建设，促进学生物理知识体系的更新，使学生对核心素养的理解水平获得提高，以实现对学生核心素养的良好培养。

最后，在开展初中物理实验教学时，教师还应重视对实验设备的运用，将硬件与软件设备都运用其中，以对学生物理实验的开展提供良好辅助，让学生能够借助良好的实验设备，对物理知识进行更深层次的探索，提升学生解决问题的能力，从而使学生的科学素养得到切实提升。

2. 发挥学生的主体地位

初中物理实验教学的本质目的在于以实验的方式提高学生的实践水平与操作技能，使学生自主探究与自主学习的能力获得提高。为此，在初中物理实验教学中，教师应重视发挥学生在物理实验中的主体作用，让学生意识到自己在物理实验中的主人翁地位，以提升学生在物理实验中的积极性与主动性，实现对学生良好学习习惯的培养。

同时，教师还应培养学生实事求是的态度，让学生能够以严谨、专业的态度去面对实验问题，使物理实验过程能够对学生形成潜移默化的影响，从而使学生核心素养得到有效提升。例如，在进行《探究凸透镜成像的规律》一课的实验教学时，教师应充分发挥学生在物理实验中的主体作用，给予学生充足的自主探究空间，让学生能够在物理实验中获得思想意识的升华，以推动核心素

养的培养进度。

3. 建立物理实验社团

初中物理教师还应积极鼓励学生建立物理实验社团，发挥集体的力量，让学生能够在社团活动中对物理实验内容进行探索，形成彼此之间思想的碰撞，以深化学生对物理知识的理解，使学生能够更好地领悟学科核心素养，进而实现学生核心素养的提高。例如，在进行《生活中的透镜》一课的实验教学时，因为实验课堂的时间较短，所以教师可以为学生留出课下问题，让学生在物理实验社团中针对该问题进行探讨，并在下次物理实验课中将探讨结果阐述出来，教师则可据此对问题进行细致讲解。借助这一方式，能够使学生的合作能力与自主探究能力获得显著提升，对培养学生核心素质极为有利。

总而言之，完善初中物理实验教学，培养学生核心素养，是现阶段素质教育的本质要求。所以，在初中物理实验教学中，教师应采取行之有效的方法来促进对学生核心素养的培养，使学生的核心素养能够获得显著提升，以提高学生的物理学习能力，实现学生更为长远发展的目标。

💬 **参考文献**

［1］尹菲.初中物理实验教学中培养学生的核心素养［J］.中学生数理化（教与学），2018（4）.

［2］李坤松.基于核心素养下初中物理课堂教学的有效性研究［J］.考试周刊，2018（13）：168.

［3］冯继光.提高综合能力，培育核心素养：核心素养下的初中物理教学浅探［J］.文理导航（中旬），2017（35）：40.

基于物理实验本质的浮力实验演示改进装置

　　物理学是一种自然科学，是关于大自然规律的知识，更广义地说，物理学探索分析大自然所发生的现象，以了解其规则。浮力是初中物理教学中的重要内容之一，教师往往会在浮力演示装置中放置不同大小的浮球，从而帮助学生理解浮力与物体体积大小之间的关系。现有的初中物理教学浮力演示装置在使用后，装置内部加入的水会被倒出，实验用水不能储存在装置内部循环使用，造成水资源的浪费，且现有的浮力演示装置在使用时，装置的高度是不能调节的，使得坐在后排的学生不能清晰地看到实验过程。同时，现有的初中物理教学浮力演示装置在使用时，浮球放置在水面中容易跟随水流一起晃动，学生不易对浮球沉在水中的深度和排开水的体积进行观察。因此，本实验设计了一种初中物理教学浮力演示装置用以解决上述问题。

　　从具体实施的角度来看，笔者结合本实验装置的附图，对本浮力实验方案进行清楚、完整的描述。显然，所描述的实验装置仅仅是本实验装置的一部分实施范例，而不是全部的使用范例。具体附图如图1所示。

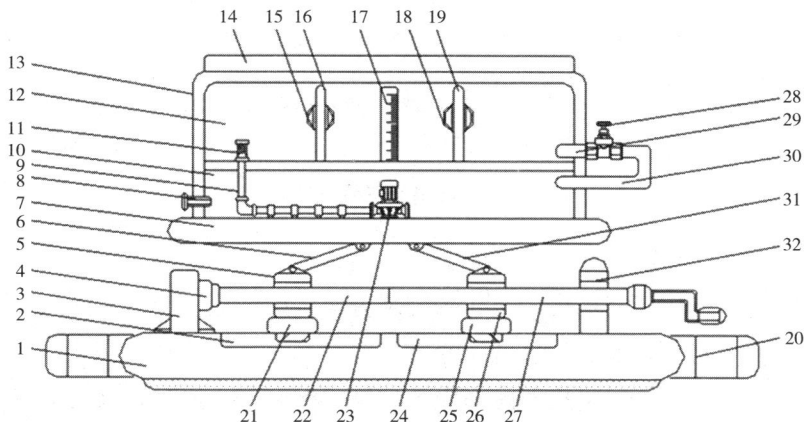

本实验装置的主视剖视示意图（一）

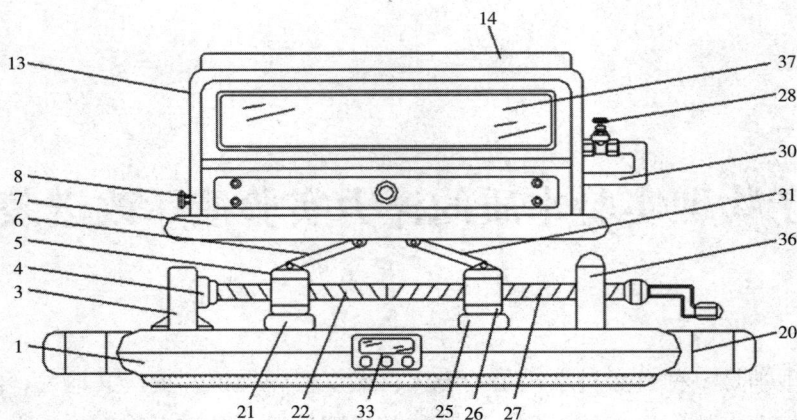

本实验装置的主视剖视示意图（二）

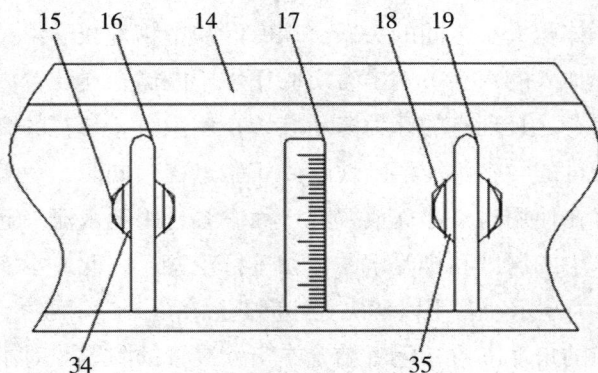

本实验装置的局部结构示意图

1-底座；2-第一滑槽；3-第一固定板；4-轴承；5-第一螺母；6-第一铰接杆；
7-支撑板；8-排液管；9-导水管；10-储水仓；11-单向阀；12-演示仓；13-箱体；
14-盖体；15-第一浮球；16-第一插杆；17-刻度尺；18-第二浮球；19-第二插杆；
20-提手；21-第一连接块；22-第一螺纹杆；23-抽水泵；24-第二滑槽；25-第二连接块；
26-第二螺母；27-第二螺纹杆；28-水阀；29-进水管；30-出水管；31-第二铰接杆；
32-安装孔；33-控制面板；34-第一通孔；35-第二通孔；36-第二固定板；37-透明窗口

图1　实验装置示意图

该装置包括底座、支撑板、储水仓、演示仓和箱体。其特征在于：底座顶部的一端安装有第一固定板，另一端安装有第二固定板。第一固定板靠近第二固定板的一端安装有轴承，且轴承的内部安装有第一螺纹杆。第二固定板的内部设置有安装孔，且安装孔的内部安装有第二螺纹杆。第二螺纹杆与第一螺纹杆连接。第一螺纹杆的外侧安装有第一螺母，且第一螺母的顶部铰接有第一铰接杆。第二螺纹杆的外侧安装有第二螺母，且第二螺母的顶部铰接有第二铰接杆。第二铰接杆远离第二螺母的一端铰接有支撑板。第一铰接杆远离第一螺母的一端与支撑板铰接。支撑板的顶部安装有箱体，箱体内部的底部安装有储水仓，且储水仓的顶部安装有演示仓。演示仓内部底部靠近第一固定板的一端安装有单向阀。储水仓内部底部的中间位置处安装有抽水泵。抽水泵的输出端安装有导水管，导水管远离抽水泵的一端与单向阀的输入端连通。箱体远离第一固定板的一端安装有水阀，水阀的输入端安装有进水管，且水阀的输出端安装有出水管。进水管穿过演示仓并延伸至演示仓的内部。出水管穿过储水仓并延伸至储水仓的内部。演示仓内部底部靠近第一固定板的一端安装有第一插杆，第一插杆的外侧安装有第一浮球，且第一浮球的内部设置有第一通孔。演示仓内部底部靠近第二固定板的一端安装有第二插杆，第二插杆的外侧安装有第二浮球，且第二浮球的内部设置有第二通孔。箱体靠近控制面板一侧的顶部设置有透明窗口。箱体的顶部安装有盖体，所述底座一侧的中间位置处安装有控制面板，控制面板的输出端通过导线与抽水泵的输入端进行连接。

底座顶部靠近第一固定板的一端设置有第一滑槽，第一滑槽通过滑块安装有第一连接块，第一连接块与第一螺母连接。底座顶部靠近第二螺母的一端设置有第二滑槽，第二滑槽通过滑块安装有第二连接块，第二连接块与第二螺母连接。

底座的两端皆安装有提手，且提手的内侧皆设置有手指凹槽。

第二螺纹杆远离第一螺纹杆的一端安装有把手，且把手的外侧设置有橡胶套。储水仓靠近第一固定板一端的底部安装有排液管，排液管与储水仓连通，且排液管远离储水仓的一端安装有密封盖。

演示仓内部底部的中间位置处安装有刻度尺。

与现在课堂常规采用的实验装置相比，该浮力演示装置安装有储水仓、抽水泵、进水管、出水管和水阀，该装置使用后，实验用水可以储存在储水仓内部，再次使用时，可通过抽水泵将储水仓内部的水抽入演示仓内，将实验用水循环使用，能够减少水资源浪费，且该装置安装有第一螺纹杆、第二螺纹杆、第一螺母、第二螺母、第一铰接杆、第二铰接杆组成的伸缩机构，能够对支撑板的高度进行调节，从而对装置的整体高度进行调节，使坐在后排的学生也能清晰地观察到实验，装置的可调节性较强。同时，该装置安装有第一插杆和第二插杆，并在第一插杆和第二插杆的外侧分别安装有第一浮球和第二浮球。使用时，第一浮球与第二浮球不会跟随水流一起晃动，从而便于学生对第一浮球与第二浮球沉在水中的深度进行观察。

本实验装置提供的一种实施范例。

使用时，物理教师可通过提手搬动装置，将装置放置于合适的位置，然后将装置接通电源，需要调高装置时，可顺时针转动第二螺纹杆，使第二螺纹杆带动第一螺纹杆一起转动，从而使第二螺母通过第二连接块向第一固定板一端移动，使第一螺母通过第一连接块向第二固定板一端移动，第一铰接杆与第二铰接杆受到推力向上推动支撑板，使支撑板的高度升高，从而使装置的整体高度升高。需要调低装置的高度时，可逆时针转动第二螺纹杆，使第二螺纹杆带动第一螺纹杆一起转动，从而使第二螺母通过第二连接块向远离第一固定板一端移动，使第一螺母通过第一连接块向远离第二固定板一端移动，第一铰接杆与第二铰接杆受到拉力向下拉动支撑板，使支撑板的高度降低，从而使装置的整体高度降低。演示时，可打开盖体，向演示仓内部加入适量的水，第一浮球受到浮力在第一插杆外侧向上方浮动，第二浮球受到浮力在第二插杆外侧向上方浮动，第一浮球与第二浮球体积不同，质量相同，学生可通过透明窗口观察到第一浮球与第二浮球沉入水中的深度，从而能够了解浮力与物体体积大小之间的关系。演示结束后，教师可打开水阀，实验用水通过出水管进入储水仓内部储存，再次使用时，可通过控制面板启动抽水泵，抽水泵通过导水管将储水仓内部储存的水抽入演示仓内，将实验用水循环使用。

在本次操作过程中，底座顶部靠近第一固定板的一端设置有第一滑槽，第一滑槽通过滑块安装有第一连接块，第一连接块与第一螺母连接。底座顶部靠近第二螺母的一端设置有第二滑槽，第二滑槽通过滑块安装有第二连接块，第二连接块与第二螺母连接，使第一螺母与第二螺母能分别在第一螺纹杆和第二螺纹杆外侧移动。底座的两端皆安装有提手，且提手的内侧皆设置有手指凹槽，便于搬动装置。第二螺纹杆远离第一螺纹杆的一端安装有把手，且把手的外侧设置有橡胶套，便于转动第二螺纹杆。储水仓靠近第一固定板一端的底部安装有排液管，排液管与储水仓连通，且排液管远离储水仓的一端安装有密封盖，通过排液管能将储水仓中的水排出。演示仓内部底部的中间位置安装有刻度尺，便于学生了解到第一浮球与第二浮球沉入水中的深度。本操作过程仅仅是对一种范例进行说明。

该装置肯定还有很多地方值得改进，在不断改进中发展我们的实验教学，正是物理课堂教学改革的方向。